Fiches de révision

CAP
d'esthétique cosmétique
parfumerie

Les auteurs

Micheline Hernandez
Professeur d'esthétique
Habilitée par l'Éducation nationale

Marie-Madeleine Mercier-Fresnel
Pharmacienne
Titulaire d'un CES de dermocosmétologie

Fiches de révision

CAP
d'esthétique cosmétique parfumerie

2e édition

Micheline Hernandez – Marie-Madeleine Mercier-Fresnel

3e tirage

MALOINE
www.maloine.fr
2013

Chez le même éditeur

Hernandez M., Mercier-Fresnel M.-M., *Le nouveau précis d'esthétique – cosmétique – parfumerie*, 11e édition.
Hernandez M., Mercier-Fresnel M.-M., *Aide-mémoire de l'esthéticienne*, 2e édition.
Hernandez M., Mercier-Fresnel M.-M., *Dictionnaire pratique d'esthétique cosmétique.*
Chabert C., *Réussir l'épreuve de sciences biologiques et cosmétologiques*, Tome 1.
Chabert C., *Réussir l'épreuve de sciences biologiques et cosmétologiques*, Tome 2.
Ledet S., Montel V., *Esthétique* :
- volume 1 : *Soins du visage et maquillage*, 3e édition ;
- volume 2 : *Soins du corps, des mains et des pieds, épilation*, 3e édition ;
- volume 3 : *Commercialisation, organisation des structures professionnelles et technologie des appareils*, 2e édition.

Montel V., Ledet S., *S'entraîner aux examens. Esthétique – cosmétique – parfumerie.*
Montel V., Ledet S., *CAP Esthétique – Cosmétique – Parfumerie. Annales 2010-2011, sujets et corrigés.*

Illustrations : figures 1.1, 1.4, 1.8, 1.9, 1.10, 1.11, 1.12, 1.14, 1.15, 1.17, 1.18, 1.19, 1.20, 1.21, 1.26, 3.1, 3.7, 3.9 : © Florence Ollé ; figure 1.3 : © Florence Ollé d'après Vadim Rolland ; figure 3.14 : © Sandrine Fellay ; figure 3.3 : © Sandrine Fellay (redessiné avec l'autorisation de Silhouet Tone) ; figures 1.2, 1.5, 1.6, 1.7, 1.16, 1.22, 1.23, 1.24, 1.25 : © Vadim Rolland ; figures 3.2, 3.5, 3.12, 3.13 : © Vadim Rolland d'après Pierre Hilaire ; figures 3.4, 3.10, 3.11, 3.16, 3.17 : © 2002-2005, Innov'Esthétique ; figures 3.6, 3.8 : © Photos le Club des professionnels ; figure 1.13 : *Biologie Anatomie Physiologie*, 6th ed., N. Menche, Elsevier GmbH ; Urban & Fisher Verlag, München.

Dépôt légal : octobre 2011 – ISBN : 978-2-224-03299-9

Imprimé en Espagne

Sommaire

PARTIE 1

BIOLOGIE

PARTIE 4

COSMÉTOLOGIE

PARTIE 1

Biologie

1
Bases d'étude du corps humain

BIOLOGIE

Niveaux d'organisation du corps humain

1. ***Précisez à l'aide du schéma ci-joint l'évolution progressive de la cellule à l'organisme.***

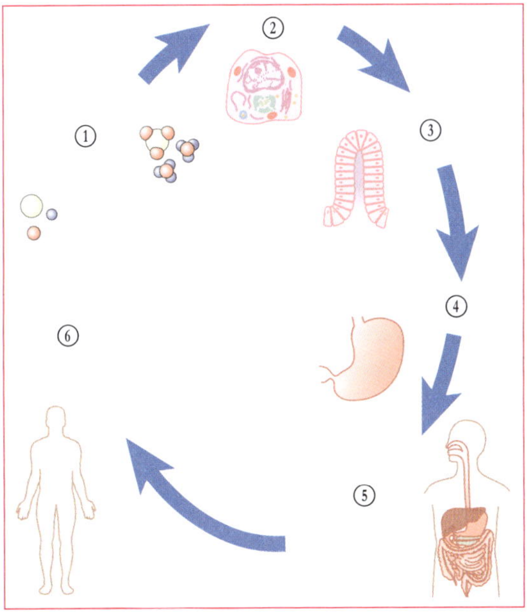

Fig. 1.1 – Niveaux d'organisation du corps humain.

① : Niveau chimique
② : Niveau cellulaire
③ : Niveau tissulaire
④ : Niveau des organes
⑤ : Niveau des systèmes
⑥ : Niveau de l'organisme

Les constituants de la matière vivante

SUBSTANCES MINÉRALES

L'eau

2. ***Indiquez la répartition de l'eau dans l'organisme.***

- Eau totale : 70 % du poids du corps.
- Eau intracellulaire : 50 %.
- Eau extracellulaire (20 %) :
  - eau canalisée (sang et lymphe) : 5 % ;
  - eau intercellulaire (liquide interstitiel) : 15 %.

3. ***Précisez la teneur en eau du sang, de la peau, des muscles, des os.***

- Sang : 80 %.
- Peau : 70 %.
- Muscles : 75 %.
- Os : 22 %.

4. ***Indiquez les rôles de l'eau dans l'organisme.***

- Transport de substances chimiques (hormones), de nutriments et de déchets au niveau du plasma et de la lymphe.
- Maintien de la température corporelle par évaporation de la sueur.

5. ***Indiquez les pertes quotidiennes en eau et leurs origines.***

- Perte quotidienne : 2,5 litres.
- Origine :
  - respiration pulmonaire ;
  - transpiration et perspiration cutanée (PIE) ;
  - selles ;
  - urines.

Les éléments minéraux

6. ***Indiquez la teneur moyenne globale des éléments minéraux dans l'organisme. Citez des exemples d'éléments minéraux présents dans l'organisme et indiquez leurs rôles.***

- Teneur moyenne : 2 à 3 % de la masse corporelle.
- Exemples d'éléments minéraux :

Macroéléments	Rôles
• Calcium (Ca) (le plus abondant)	• Consistance du squelette et des dents • Contraction musculaire • Coagulation
• Sodium (Na)	• Composant du liquide extracellulaire • Régulation des mouvements de l'eau
• Potassium (K)	• Contraction musculaire • Composant du liquide intracellulaire • Régulation des mouvements de l'eau
• Magnésium (Mg)	• Transmission de l'influx nerveux • Activation de nombreuses enzymes

Oligoéléments (à l'état de traces)	Rôles
• Fer (Fe)	• Composant de l'hémoglobine
• Cuivre (Cu)	• Formation de la mélanine et du collagène
• Iode (I2)	• Synthèse des hormones thyroïdiennes
• Fluor (F)	• Composition des os et des dents

SUBSTANCES ORGANIQUES

Glucides

7. ***Définissez les glucides.***

- Substances énergétiques indispensables à l'organisme, source et réserve d'énergie.
- Composition : carbone (C), hydrogène (H), oxygène (O).

8. ***Classifiez les glucides et donnez des exemples.***

Classification	Définition	Exemples
• Oses	• Unités de base des glucides	• Glucose, fructose
• Diosides	• Association de 2 molécules d'oses	• Saccharose, lactose
• Polyosides	• Association d'un grand nombre de molécules d'oses	• Amidon, glycogène

9. *Énoncez les principales sources alimentaires des glucides.*

Glucides	Sources alimentaires
Saccharose	• Sucre de table, miel, confiture
Lactose	• Sucre de lait
Fructoses	• Sucre de fruits
Polyosides	• Céréales, légumineuses, pommes de terre

Lipides

10. *Définissez les lipides.*

Corps gras composés de carbone (C), d'hydrogène (H), d'oxygène (O).

11. *Indiquez les rôles des lipides et leurs principales sources alimentaires.*

Rôles des lipides	Sources alimentaires
• Réserve d'énergie • Protection (tissu adipeux) • Isolation thermique • Constituants : – de la membrane cellulaire – du ciment intercellulaire – de la myéline du système nerveux	• Origine animale : viande, lait, beurre, fromage, poisson • Origine végétale : huile d'arachide, de tournesol, de sésame, d'olive, de noix

Protides

12. *Définissez les protides.*

Molécules organiques renfermant du carbone (C), de l'hydrogène (H), de l'oxygène (O), de l'azote (N).

13. *Définissez un acide aminé, un peptide, une protéine.*

Protides	Définition
Acide aminé	• Élément de base des protides
Peptide	• Molécule formée d'un nombre d'acides aminés < 60
Protéine ou polypeptide	• Macromolécule formée d'un grand nombre d'acides aminés > 60

14. *Précisez les rôles des protides et leurs principales sources alimentaires.*

Rôles des protides	Sources alimentaires
• Structuration et fonctionnement de l'organisme • Entretien des tissus • Exécution de nombreuses fonctions vitales	• Origine animale : viande et dérivés, poissons, lait, œufs • Origine végétale : pain, lentille, tofu, pois chiches, amandes, céréales

La cellule

ORGANISATION DE LA CELLULE

15. *Légendez sur le schéma ci-joint les structures et les organites cellulaires numérotés.*

16. *Citez le rôle essentiel de chacune de ces structures cellulaires et de chacun des organites.*

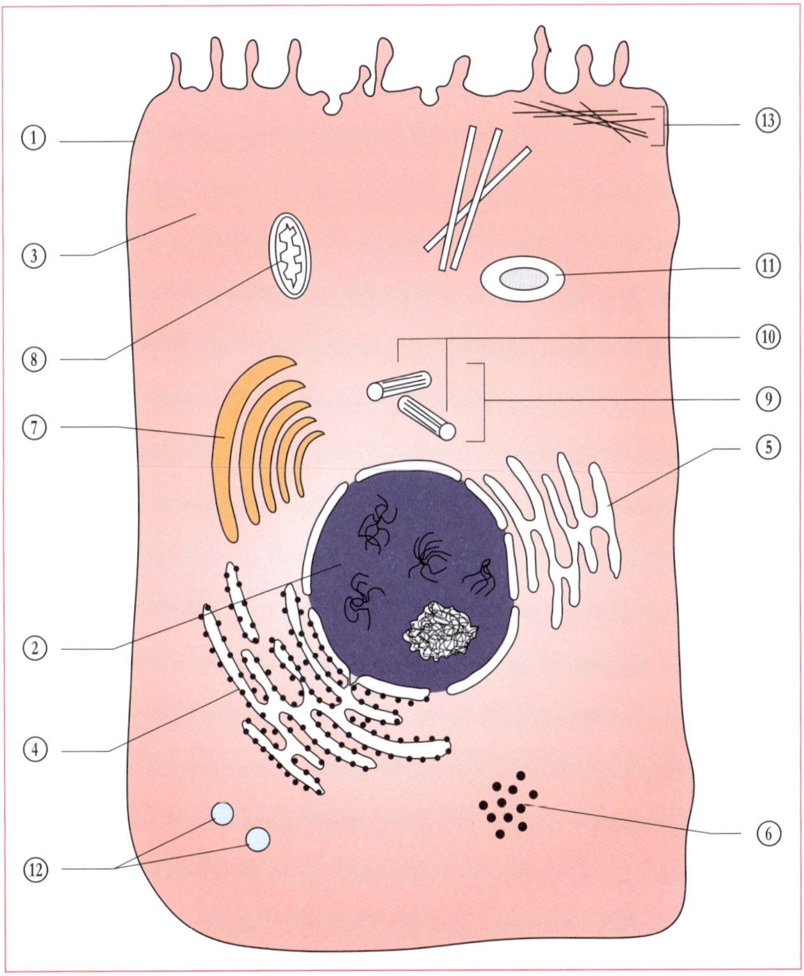

Fig. 1.2 – Cellule animale.

	Organites	Rôles essentiels
①	• Membrane plasmique	• Entoure la cellule • Permet les échanges entre milieux intra et extracellulaires • Reçoit et envoie des messages
②	• Noyau	• Rôle fondamental dans la vie cellulaire : lieu de stockage de l'ADN • Synthèse de la matière vivante • Division cellulaire • Mécanisme de l'hérédité
③	• Cytoplasme ou hyaloplasme	• Renferme cytosol et organites
④	• Réticulum endoplasmique granuleux	• Synthèse des protéines
⑤	• Réticulum endoplasmique lisse	• Synthèse des lipides
⑥	• Ribosomes	• Synthèse des protéines
⑦	• Appareil de Golgi	• Véhicule protéines et lipides du réticulum endoplasmique
⑧	• Mitochondries	• Produit l'énergie de la cellule
⑨ et ⑩	• Centrosome (formé de 2 centrioles)	• Rôle dans la division cellulaire
⑪	• Lysosome	• Digestion des organites inutilisables et des substances étrangères
⑫	• Vacuoles	• Réserve de nutriments
⑬	• Cytosquelette	• Donne sa forme à la cellule

LA MITOSE

17. ***Définissez le processus de la mitose.***

Division d'une cellule mère en deux cellules filles avec réplication de l'ADN.

▸ Exemple : l'épithélium cutané.

Les tissus

LES VARIÉTÉS DE TISSUS

18. ***Énumérez les différents types de tissus qui constituent l'organisme.***

① : Le tissu épithélial
② : Le tissu conjonctif
③ : Le tissu musculaire
④ : Le tissu nerveux

19. ***Définissez le tissu épithélial et précisez sa classification.***

- Définition : tissu constitué de cellules jointives et solidaires les unes des autres.
- Classification :
  - tissu épithélial de revêtement ;
  - tissu épithélial glandulaire.

Les tissus épithéliaux de revêtement

20. ***Citez les différents types d'épithélium de revêtement et indiquez leur topographie.***

Dénomination	Topographie
• Épiderme	• Recouvre la surface du corps
• Muqueuse	• Tapisse les cavités de l'organisme en communication avec l'extérieur
• Séreuse	• Enveloppe les organes internes
• Endothélium	• Tapisse la face interne du cœur et des vaisseaux

21. ***Indiquez les caractéristiques des épithéliums de revêtement.***

- Constitués de cellules juxtaposées.
- Présence de jonctions d'adhérence des cellules entre elles (desmosomes).
- Présence d'un liquide interstitiel dans l'espace intercellulaire.
- Non vascularisés.
- Reposent sur une lame basale.

22. ***Énumérez les différentes variétés d'épithélium de revêtement.***

Les différentes variétés dépendent :

- de la forme des cellules ;
- du nombre de couches de cellules.

Forme des cellules	Dénomination
• En écaille, squameuses	• Épithélium squameux
• Cubiques	• Épithélium cuboïde
• Prismatiques	• Épithélium prismatique

Nombre de couches de cellules	Dénomination
• Une couche	• Épithélium simple (pulmonaire)
• Plusieurs couches	• Épithélium stratifié (épiderme)

23. ***Précisez dans quel type d'épithélium est classé l'épiderme.***

Épithélium de revêtements squameux, stratifié.

Les tissus épithéliaux glandulaires et les glandes

24. ***Définissez le tissu épithélial glandulaire.***

Groupement de cellules, constituant une glande, qui élabore une ou plusieurs substances spécifiques : **sécrétion**.

25. ***Définissez une glande.***

Organe formé de tissu épithélial glandulaire.

26. ***Citez les différents types de glandes.***

27. ***Indiquez leur mode d'excrétion.***

Types	Mode d'excrétion
• Glandes exocrines : – tubuleuses, en forme de tubes, – acineuses, formées de petits « sacs arrondis »	• Produit de sécrétion déversé dans le milieu externe par un canal excréteur. • Exemple : glandes sudoripares, glandes sébacées
• Glandes endocrines	• Produit de sécrétion (hormone) diffusé directement dans le sang vers les organes cibles • Exemple : glandes surrénales
• Glandes amphicrines ou mixtes	• À la fois exocrines et endocrines • Exemple : pancréas

LES TISSUS CONJONCTIFS

28. *Indiquez sur le schéma ci-dessous les divers éléments constitutifs du tissu conjonctif.*

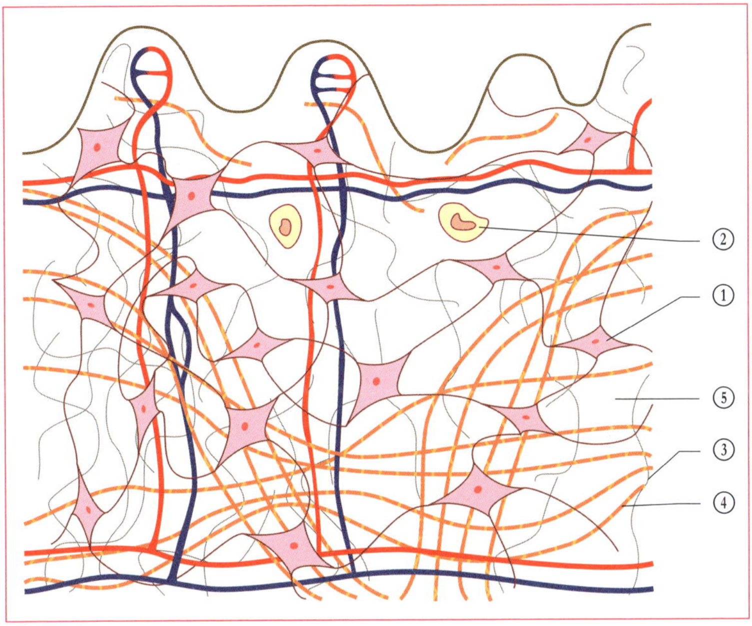

Fig. 1.3 – Le tissu conjonctif.

- Cellules :

① : fibroblastes ;
② : leucocytes.

- Matrice intercellulaire :

③ : fibres élastiques ;
④ : fibres collagènes ;
⑤ : substance fondamentale.

2
Système osseux et système musculaire

Anatomie du squelette

29. *Citez les os représentés et numérotés sur le schéma fourni.*

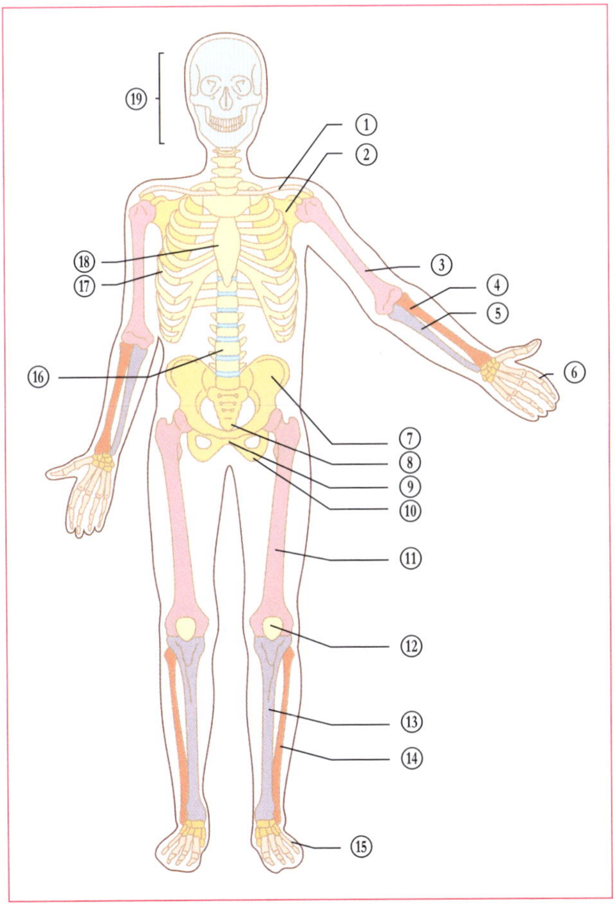

Fig. 1.4 – Le squelette (vue de face).

① : Clavicule
② : Scapula
③ : Humérus
④ : Radius
⑤ : Ulna
⑥ : Main
⑦ : Ilium
⑧ : Sacrum
⑨ : Pubis
⑩ : Ischium
⑪ : Fémur
⑫ : Patella
⑬ : Tibia
⑭ : Fibula
⑮ : Pied
⑯ : Colonne vertébrale
⑰ : Cage thoracique
⑱ : Sternum
⑲ : Tête osseuse

30. *Citez les os représentés et numérotés sur le schéma ci-dessous.*

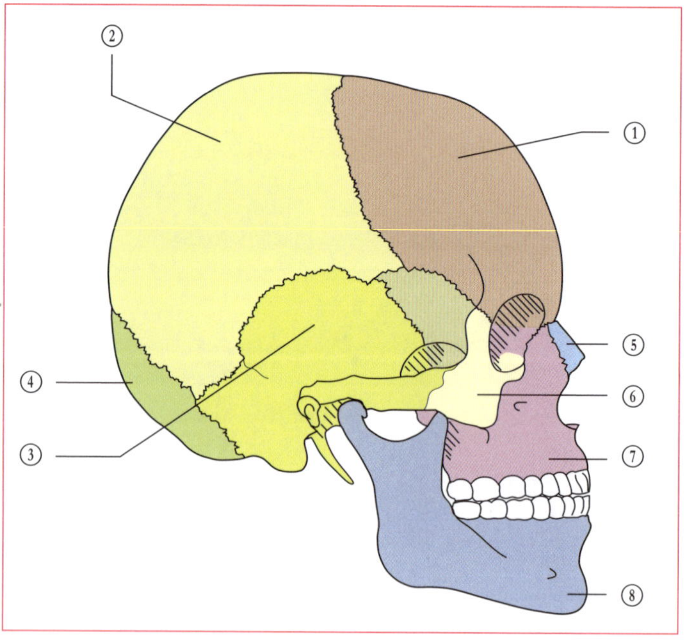

Fig. 1.5 – Squelette du crâne.

① : Frontal
② : Pariétal
③ : Temporal
④ : Occipital
⑤ : Nasal
⑥ : Zygomatique
⑦ : Maxillaire
⑧ : Mandibule

31. ***Énumérez les os représentés et numérotés sur le schéma fourni.***

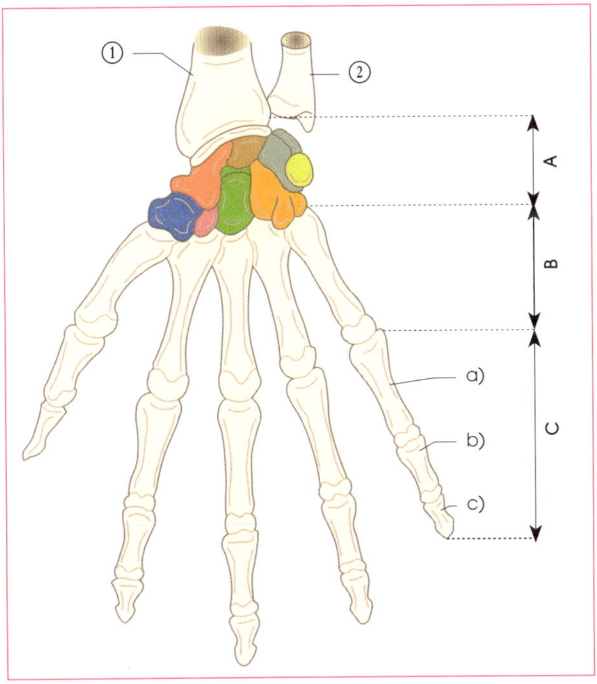

Fig. 1.6 – Squelette de la main.

① : Radius
② : Ulna
A- Carpe
B- Métacarpe
C- Phalanges des 5 doigts
a) Proximale
b) Moyenne
c) Distale

32. *Énumérez les os représentés et numérotés sur le schéma fourni.*

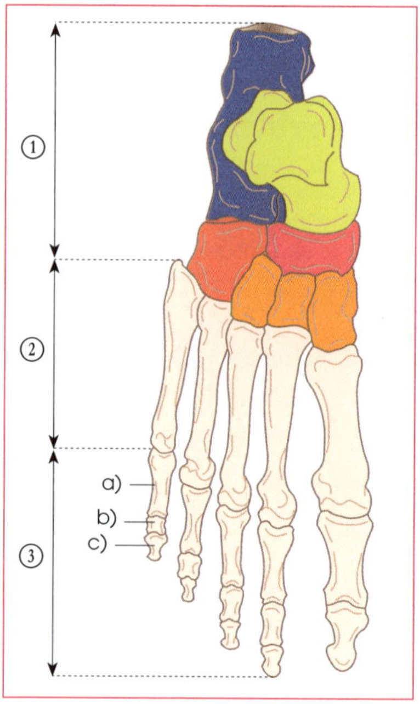

Fig. 1.7 – Squelette du pied.

① : Tarse
② : Métatarse
③ : Phalanges des orteils
 a) Proximale
 b) Moyenne
 c) Distale

Anatomie des muscles de la tête, du cou, du décolleté

MUSCLES DE LA TÊTE

33. *Énumérez les muscles de la tête représentés et numérotés sur le schéma page suivante.*

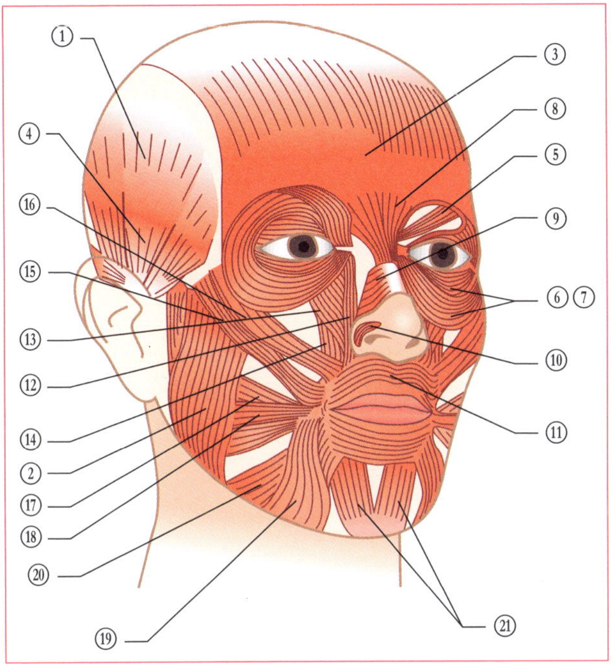

Fig. 1.8 – Anatomie des muscles du visage.

① : Temporal
② : Masséter
③ : Frontal
④ : Auriculaires
⑤ : Corrugateur du sourcil
⑥ et ⑦ : Orbiculaire de l'œil
⑧ : Pyramidal ou procerus
⑨ : Transverse du nez
⑩ : Dilatateur de la narine
⑪ : Orbiculaire de la bouche
⑫ : Releveur commun de la lèvre supérieure et de l'aile du nez
⑬ : Releveur propre de la lèvre supérieure
⑭ : Canin
⑮ : Grand zygomatique
⑯ : Petit zygomatique
⑰ : Buccinateur
⑱ : Risorius
⑲ : Abaisseur de l'angle de la bouche
⑳ : Abaisseur de la lèvre inférieure
㉑ : Mentonnier

34. *Indiquez la fonction et la mimique provoquée par les muscles peauciers du visage cités ci-dessous, en relation avec les rides d'expression.*

Muscles	Fonction	Mimique
Frontal	• Élève peau des sourcils • Plisse peau du front	• Attention, étonnement
Corrugateur du sourcil	• Attire vers le bas la tête du sourcil	• Douleur, sévérité, ride longitudinale entre sourcils
Pyramidal (procerus)	• Abaisse espace intersourcilier, ride transversale base du nez	• Agressivité, mécontentement
Transverse du nez	• Dilate narine	• Mauvaise humeur
Dilatateur de la narine	• Dilate narine	• Mauvaise humeur
Releveur commun de l'aile du nez et de la lèvre supérieure	• Élève aile du nez et lèvre supérieure	• Mécontentement déplaisir
Releveur propre de la lèvre supérieure	• Relève lèvre supérieure	• Mécontentement, chagrin, pleurs
Canin	• Relève lèvre supérieure en montrant canine	• Menace
Grand zygomatique	• Élève commissure labiale	• Rire, gaieté
Petit zygomatique	• Élève lèvre supérieure	• Attendrissement
Buccinateur	• Tire commissures labiales vers arrière	• Ironie
Risorius	• Attire en arrière commissure labiale	• Sourire à fossette
Abaisseur de l'angle bouche	• Abaisse commissure labiale	• Tristesse, mépris, dégoût
Abaisseur lèvre inférieure	• Attire en bas lèvre inférieure	• Dégoût
Mentonnier	• Élève menton et lèvre inférieure	• Doute, scepticisme

MUSCLES DU COU, DU DÉCOLLETÉ ET DE L'ÉPAULE

35. ***Identifiez les muscles représentés sur les schémas ci-dessous.***

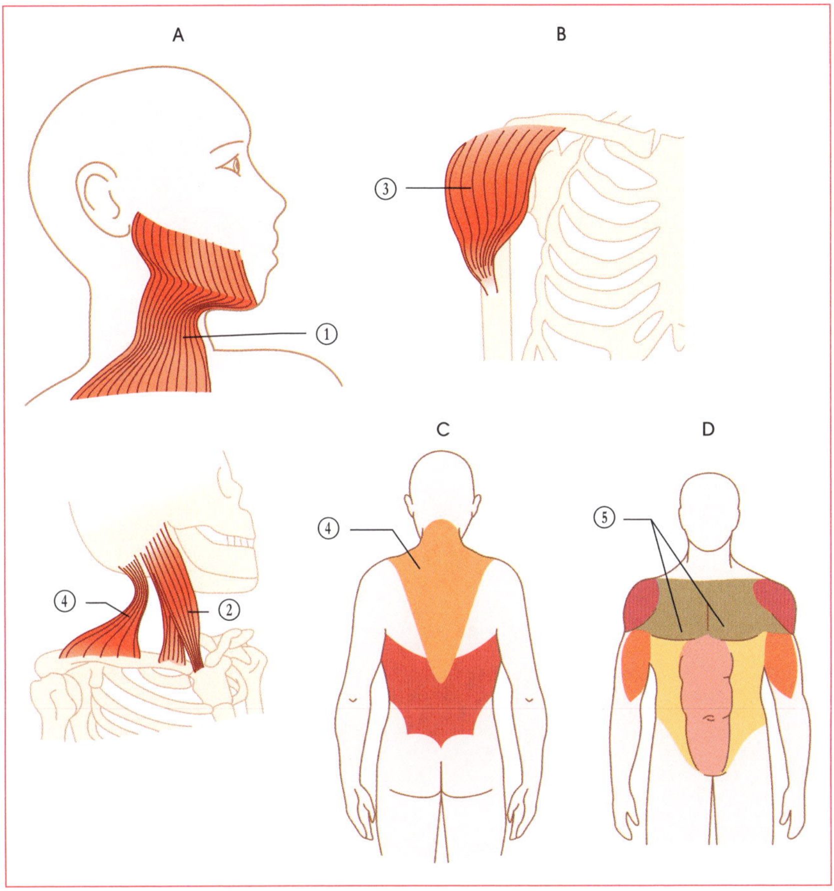

Fig. 1.9 – A) Muscles superficiels du cou. – B) Muscles superficiels de l'épaule. – C) Muscle superficiel du dos. – D) Muscles superficiels du décolleté.

① : Platysma
② : Sterno-cléido-mastoïdien
③ : Deltoïde
④ : Trapèze
⑤ : Grands pectoraux

3
Différents systèmes du corps humain

36. *Localisez sur le schéma les différents systèmes du corps humain et les organes. Indiquez le rôle global de chacun.*

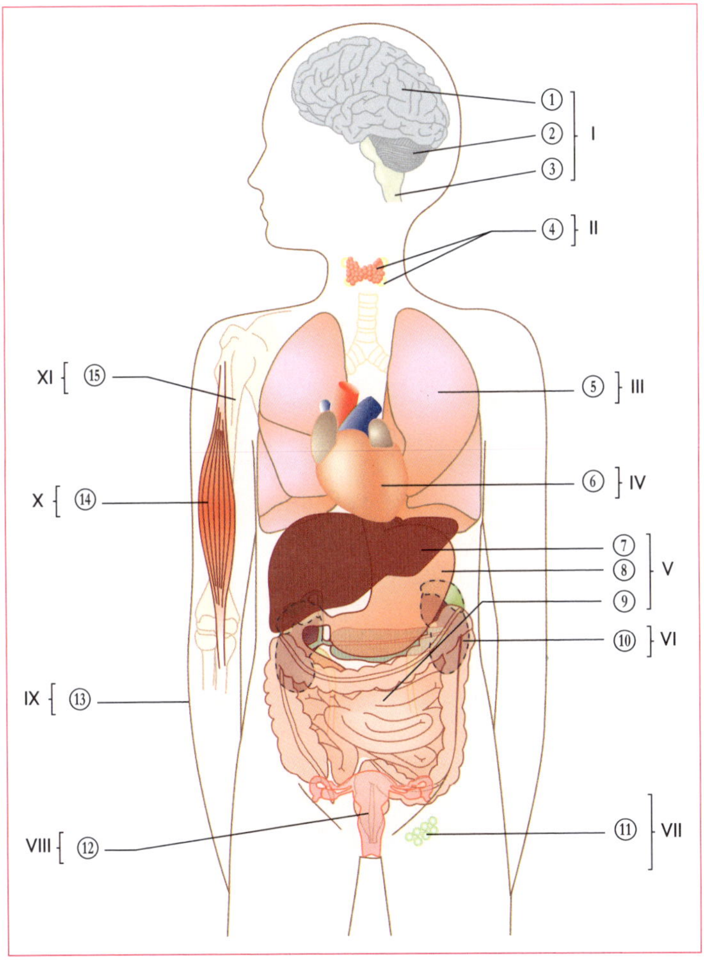

Fig. 1.10 – Différents systèmes et organes du corps humain.

Systèmes		Organes		Rôles
I	• Nerveux	① ② ③	• Cerveau • Cervelet • Moelle spinale	• Régulation générale des organes entre eux
II	• Endocrinien	④	• Glandes thyroïde et parathyroïdes	• Régulation générale des organes entre eux
III	• Respiratoire	⑤	• Poumons	• Inspiration du dioxygène • Expiration du dioxyde de carbone
IV	• Cardiovasculaire	⑥	• Cœur	• Transport des nutriments, du dioxygène et des déchets du métabolisme • Participation à la défense de l'organisme
V	• Digestif	⑦ ⑧ ⑨	• Foie • Estomac • Intestins	• Transformation des aliments en nutriments • Passage des nutriments dans le sang
VI	• Urinaire	⑩	• Reins	• Filtration du sang par les reins • Élimination des déchets par l'urine
VII	• Immunitaire	⑪	• Nœuds lymphatiques	• Défense de l'organisme contre les éléments étrangers
VIII	• Génital (féminin)	⑫	• Utérus	• Reproduction de l'espèce humaine
IX	• Tégumentaire	⑬	• Peau	• Protection • Thermorégulation
X	• Musculaire	⑭	• Muscles (biceps)	• Locomotion
XI	• Osseux	⑮	• Os (humérus)	• Locomotion

Les systèmes de régulation

SYSTÈME NERVEUX

37. ***Légendez le schéma suivant.***

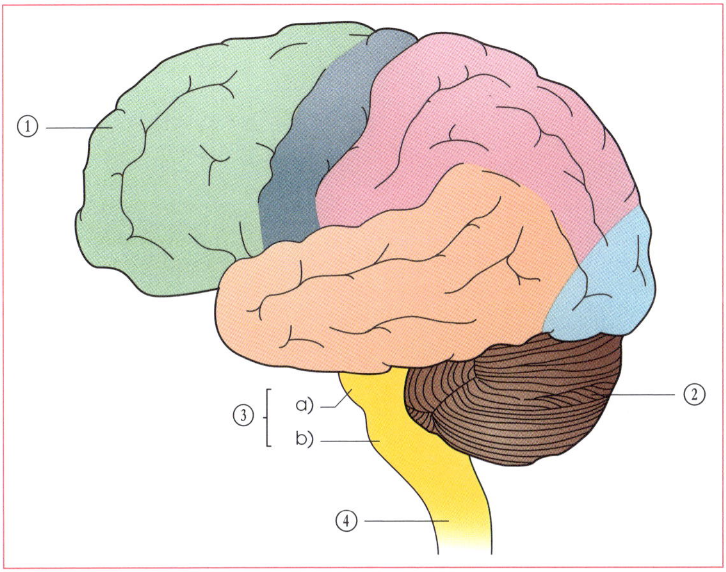

Fig. 1.11 – Encéphale.

① : Cerveau
② : Cervelet
③ : Tronc cérébral
a) Pont
b) Bulbe
④ : Moelle spinale

38. *Décrivez l'organisation du sens du toucher (perception tactile) à l'aide du schéma ci-joint.*

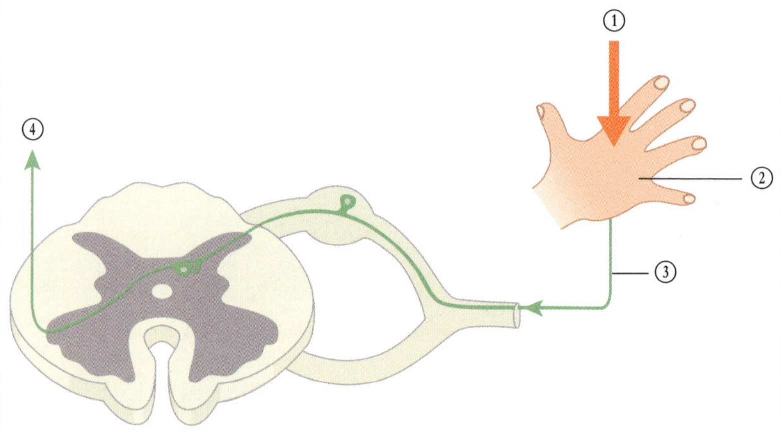

Fig. 1.12 – Perception tactile.

① : Stimulus
② : Récepteurs cutanés sensitifs
③ : Fibres nerveuses sensitives
④ : Aire sensitive du cerveau

Processus	Organes effecteurs
I - Réception du stimulus transformé en influx nerveux	• Récepteurs cutanés sensitifs : – terminaisons nerveuses libres – corpuscules du tact (mécanorécepteurs, thermorécepteurs, nocirécepteurs) – épithélioïdocytes du tact
II - Conduction de l'influx nerveux vers le centre nerveux	• Fibres nerveuses sensitives
III - Sensation et perception	• Centre nerveux (aire sensitive du cerveau)

SYSTÈME ENDOCRINIEN

39. ***Localisez sur le schéma ci-dessous les glandes endocrines.***

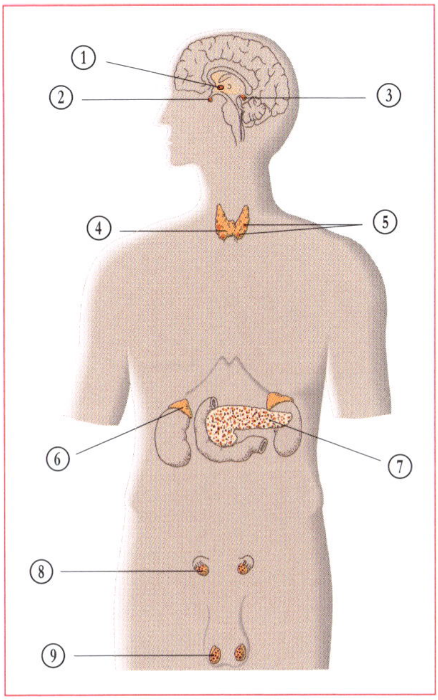

Fig. 1.13 – Localisation des glandes endocrines.

① : Hypothalamus
② : Hypophyse
③ : Épiphyse
④ : Thyroïde
⑤ : Parathyroïdes
⑥ : Surrénales
⑦ : Pancréas
⑧ : Ovaires
⑨ : Testicules

40. ***Citez les hormones sexuelles.***

- Hormones sexuelles ♀ : œstrogènes et progestérone.
- Hormones sexuelles ♂ : androgènes.

41. ***Précisez le rôle des œstrogènes sur la peau.***

Augmentation de la teneur en eau du derme.

42. ***Précisez l'action des androgènes sur les follicules pilosébacés.***

Action sur la croissance du poil et sur la sécrétion sébacée (séborrhée).

Le système tégumentaire

43. *Légendez le schéma ci-joint.*

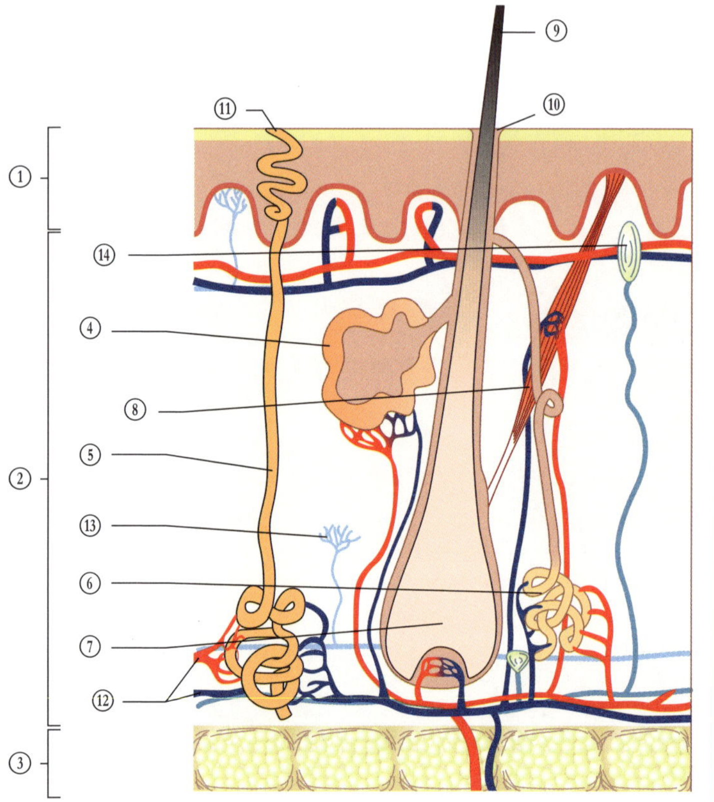

Fig. 1.14 – Schéma général de la peau.

① : Épiderme
② : Derme
③ : Hypoderme
④ : Glande sébacée
⑤ : Glande sudoripare eccrine
⑥ : Glande sudoripare apocrine
⑦ : Follicule pileux
⑧ : Muscle pilomoteur
⑨ : Poil
⑩ : Ostium folliculaire

⑪ : Pore
⑫ : Vaisseaux dermiques
⑬ : Filet nerveux sensoriel
⑭ : Corpuscule du tact

44. ***Décrivez le système tégumentaire.***

Système tégumentaire = **peau + annexes**.

- Peau :
  - enveloppe de revêtement de l'organisme ;
  - superficie : 2 m^2 (adulte) ;
  - poids : 3 kg ;
  - épaisseur : 1, 2 mm à 1,5 mm (+ fine : paupières ; + épaisse : plante des pieds) ;
  - pigmentation variant selon les ethnies ;
  - structure : épiderme, derme, hypoderme.
- Annexes :
  - follicule pilosébacé :
    - ✓ follicule pileux,
    - ✓ poil,
    - ✓ muscle arrecteur,
    - ✓ glande sébacée,
    - ✓ glande sudoripare apocrine ;
  - glande sudoripare eccrine ;
  - ongle.

45. ***Citez les fonctions du système tégumentaire.***

- Protection.
- Thermorégulation.
- Sensorielle.
- Métabolique.
- Absorption.
- Cicatrisation.
- Hydratation.

L'ÉPIDERME

46. *Sur le schéma ci-joint de l'épiderme, indiquez les 4 couches cellulaires et les différents types de cellules.*

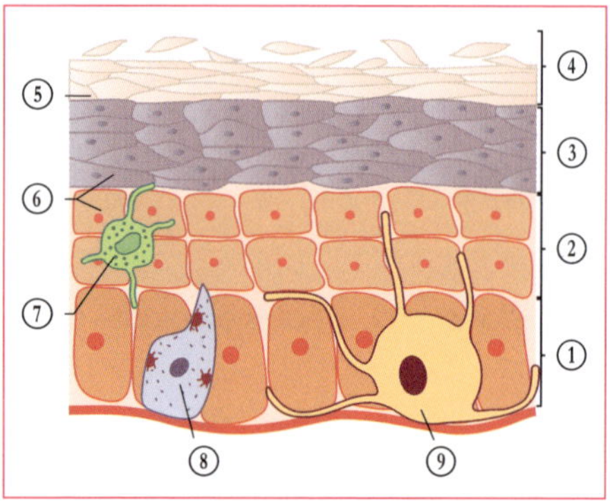

Fig. 1.15 – Structure de l'épiderme.

① : Couche basale germinative
② : Couche filamenteuse ou épineuse
③ : Couche granuleuse
④ : Couche cornée
⑤ : Cornéocytes
⑥ : Kératinocytes
⑦ : Macrophagocyte intraépidermique
⑧ : Épithélioïdocyte du tact
⑨ : Mélanocyte

Les cellules de l'épiderme

Les kératinocytes

47. *Précisez la morphologie des kératinocytes dans les différentes couches de l'épiderme.*

Couches de l'épiderme	Morphologie des kératinocytes
• Basale	• Hauts, cylindriques
• Épineuse	• Aplatis, polyédriques
• Granuleuse	• Aplatis, losangiques
• Cornée	• En lamelles, très plats

48. ***Énoncez les caractéristiques de la couche cornée.***

Cellules (ou cornéocytes) :
- aplaties ;
- sans noyau, ni organites ;
- remplies de filaments de kératine ;
- enveloppe cornée épaisse ;
- présence de ciment intercellulaire lipidique (céramides) ;
- présence du NMF intracellulaire.

Les mélanocytes

49. ***Précisez le nom des cellules responsables de la pigmentation cutanée, leur localisation et leur importance quantitative.***

- Nom : mélanocytes.
- Localisation : couche basale germinative et au niveau du bulbe pileux.
- Importance quantitative : 1 % des cellules épidermiques.

50. ***Indiquez la morphologie et la structure des mélanocytes.***

Morphologie	Structure
• Grande taille	• Présence de mélanosomes
• Globuleuse	• Absence de desmosomes
• Présence de dendrites	

Les macrophages intraépidermiques

51. ***Précisez la morphologie du macrophagocyte intraépidermique, sa locali-sation et son importance quantitative.***

Morphologie	Localisation	Importance quantitative
• En étoile • Dendrites • Absence de desmosomes	• Épiderme : couche épineuse	• 2 à 5 % des cellules épidermiques

Les épithélioïdocytes du tact

52. ***Précisez la morphologie de l'épithélioïdocyte du tact, sa localisation et son importance quantitative.***

Morphologie	Localisation	Importance quantitative
• Cellule haute • Dendrites • Desmosomes • Associé à une terminaison nerveuse	• Épiderme : couche basale germinative	• 1 % des cellules épidermiques

Physiologie : fonctions des différents groupes de cellules constituant l'épiderme

53. *Légendez le schéma ci-joint en précisant l'évolution des kératinocytes au cours de leur migration.*

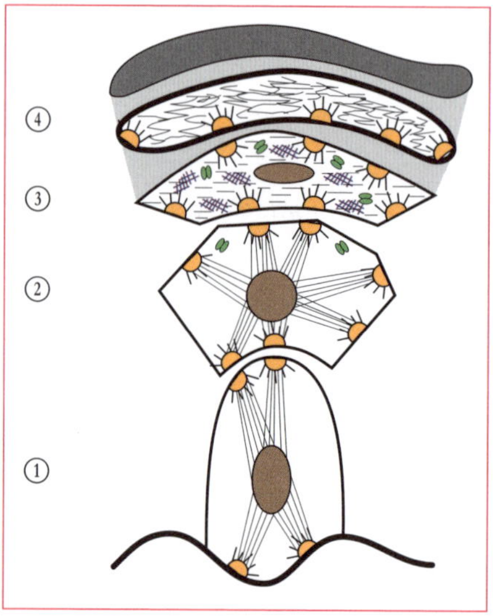

Fig. 1.16 – La kératogénèse.

Kératogénèse ou kératinisation :

Kératinocytes		Évolution
①	• Kératinocyte basal	• Haut, cylindrique
②	• Kératinocyte épineux	• Aplati, polyédrique, filaments de kératine
③	• Kératinocyte granuleux	• + aplati, losangique, + de filaments de kératine
④	• Cornéocyte (compact et disjoint)	• Lamelles très plates, remplies de filaments de kératine • Disparition du noyau et des organites cellulaires

54. *Précisez la nature biochimique des kératines synthétisées.*

Ce sont des protéines fibreuses.

Fonction de l'épithélium épidermique

55. ***Précisez le type de radiation responsable de la synthèse de la vitamine D dans l'épiderme.***

UVB, responsables de la transformation du cholestérol cutané en vitamine **D3** qui permet l'assimilation du calcium.

56. ***Énumérez les rôles de la couche cornée.***

- Protection mécanique : solidité et résistance grâce à la kératine.
- Extensibilité grâce à l'hydratation et au RMD (Réseau MicroDépressionnaire).
- Protection anti-UV : épaississement.
- Protection contre pénétration des micro-organismes.

57. ***Définissez et expliquez le processus de l'absorption cutanée.***

- Définition de l'absorption cutanée : passage d'une substance appliquée sur la peau à travers l'épiderme, le derme et l'hypoderme.
- Processus de l'absorption cutanée :

Absorption	Mécanisme
• Transcellulaire	• Pénétration des petites molécules à travers la peau
• Intercellulaire	• Pénétration (infime) à travers le ciment intercellulaire
• Autres voies	• Pénétration par les follicules pilosébacés et les glandes sudoripares

(Facteur influençant l'absorption : intégrité de la couche cornée)

Physiologie du mélanocyte

58. ***Citez les deux grands groupes de mélanines et précisez leur couleur respective.***

Pigments mélaniques :

- eumélanines : pigments les plus foncés, bruns ou marron ;
- phaeomélanines : pigments jaune orangé.

59. ***Décrivez, à partir du schéma fourni, les étapes de la mélanogénèse.***

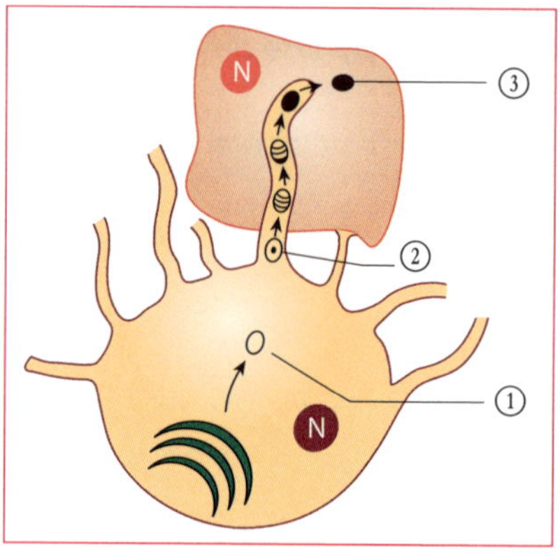

Fig. 1.17 – La mélanogénèse.

Stade ①	Stade ②	Stade ③
• Formation du mélanosome et synthèse de la tyrosinase	• Synthèse des mélanines dans le mélanosome	• Transfert du mélanosome aux kératinocytes de l'Unité Épidermique de Mélanisation (UEM)

60. ***Précisez le rôle des mélanines dans la détermination de la couleur de la peau.***

Différences de pigmentation déterminées par :

- type de mélanine ;
- nombre et taille des mélanosomes ;
- niveau de dégradation des mélanosomes dans les différentes couches de l'épiderme.

61. ***Indiquez le rôle des mélanines dans la protection contre les rayonnements solaires.***

Les eumélanines ont un rôle prépondérant par rapport aux phaeomélanines dans la protection anti-UV.

62. ***Indiquez le rôle des macrophagocytes intra-épidermiques.***

- Font partie du système immunitaire.
- Captent les antigènes, les présentent aux lymphocytes T dans les nœuds lymphatiques.
- Rôle important dans l'immunité cutanée.

63. ***Indiquez le rôle des épithélioïdocytes du tact.***

Récepteur sensoriel du toucher.

LE DERME

La jonction dermo-épidermique

64. *Expliquez l'aspect ondulé de la jonction dermo-épidermique.*

Aspect ondulé :
- saillies de l'épiderme dans le derme : crêtes épidermiques ;
- saillies du derme dans l'épiderme : papilles dermiques.

65. *Indiquez les deux rôles essentiels de la jonction dermo-épidermique.*

- Zone d'échange entre le derme et l'épiderme.
- Contact entre le derme et l'épiderme.

Les deux étages du derme

66. *Distinguez les deux niveaux du derme.*

- Derme superficiel ou papillaire constitué par les papilles dermiques.
- Derme réticulaire (chorion), plus épais.

Constituants

67. *Précisez à quel type de tissu appartient le derme et énumérez ses constituants.*

- Type de tissu : tissu conjonctif.
- Constituants :

Cellules	Matrice extracellulaire
• Fibroblastes • Leucocytes	• Fibres de collagène • Fibres élastiques • Substance fondamentale • Eau • Macromolécules (GAG)

Rôles

68. *Indiquez les rôles du derme.*

- Protection mécanique.
- Soutien et nutrition de l'épiderme.
- Défense immunitaire.
- Hydratation.

L'HYPODERME OU TISSU ADIPEUX SOUS-CUTANÉ

69. ***Précisez la nature du tissu adipeux et ses localisations.***

- Nature : variété de tissu conjonctif (tissu adipeux blanc).
- Localisations :
  - dans l'hypoderme (pannicule adipeux) ;
  - autour de certains viscères.

70. ***Décrivez la répartition du pannicule adipeux en fonction du sexe.***

Sexe	Répartition = caractère sexuel secondaire
• Masculin : type androïde	• Au-dessus de la ceinture : abdomen, épaules
• Féminin : type gynoïde	• En dessous de la ceinture : hanches, fesses, cuisses, partie inférieure de l'abdomen

71. ***Décrivez la structure de l'hypoderme.***

- Couche la plus profonde de la peau.
- Nature : tissu conjonctif adipeux.
- Structure :
  - cellules adipeuses sphériques, adipocytes, remplies de triglycérides ;
  - regroupées en lobules graisseux puis en lobes graisseux ;
  - cloisons conjonctives séparent les lobes graisseux ;
  - vascularisation et innervation dans les cloisons conjonctives.

72. ***Indiquez le rôle de l'hypoderme dans l'équilibre énergétique de l'organisme.***

Hypoderme	Rôles
• Lipides	• Réserve d'énergie
• Adipocytes	• Stockage des lipides (lipogenèse) → Augmentation du volume des adipocytes • Déstockage des lipides (lipolyse) en réponse aux besoins de l'organisme → Libération dans la circulation sanguine • Énergie distribuée à l'organisme

LA VASCULARISATION CUTANÉE

La circulation sanguine cutanée

73. *Légendez d'après le schéma l'organisation de la circulation sanguine cutanée.*

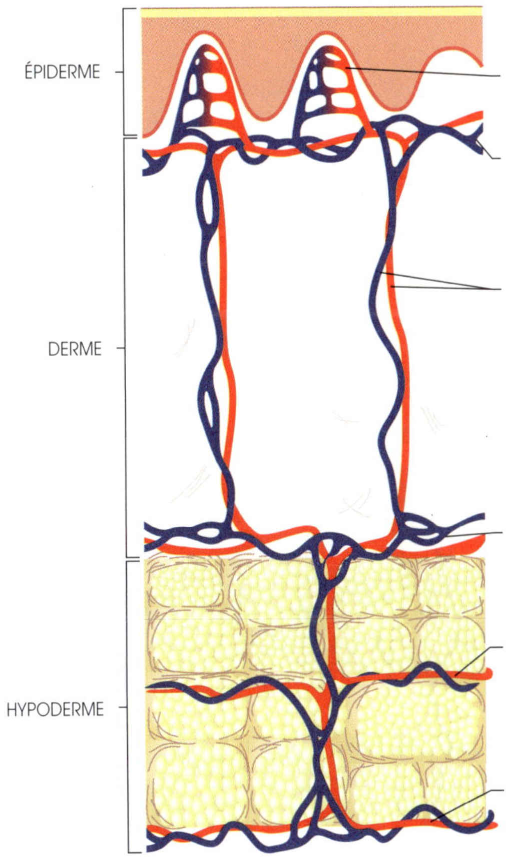

Fig. 1.18 – La vascularisation cutanée.

① : Anse capillaire
② : Plexus artériel et veineux
③ : Artériole et veinule
④ : Plexus artériel et veineux profond
⑤ : Artères et veines hypodermiques
⑥ : Artères et veines sous-cutanées

74. *Indiquez les rôles de la vascularisation cutanée.*

Rôles	Mécanismes
• Thermorégulation : maintien de la température constante du corps (homéothermie)	• Débit sanguin régulé grâce à la vasomotricité des vaisseaux dermiques : – vasoconstriction : diminution du débit sanguin – vasodilatation : augmentation du débit sanguin
• Nutrition de la peau et de ses annexes	• Oxygénation • Apport d'éléments nutritifs • Élimination des déchets
• Défense immunitaire	• Leucocytes

La circulation lymphatique

75. *Légendez la circulation lymphatique cutanée à partir du schéma.*

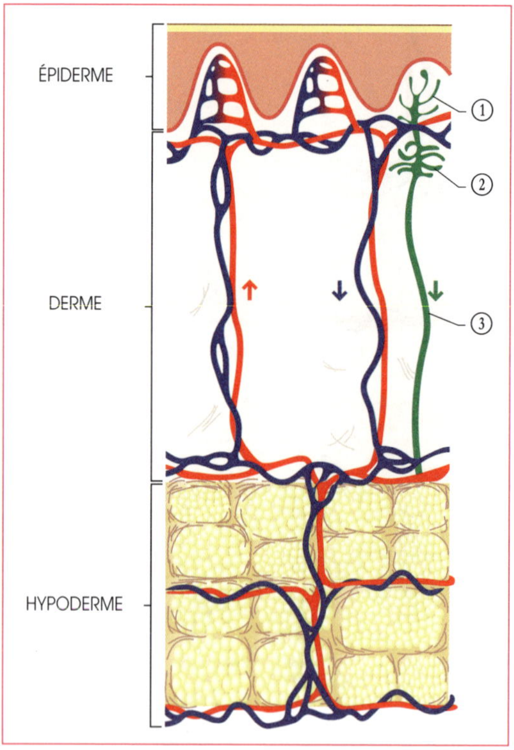

Fig. 1.19 – La circulation lymphatique cutanée.

① : Capillaires lymphatiques
② : Plexus lymphatique superficiel
③ : Vaisseau lymphatique collecteur

L'INNERVATION CUTANÉE ET LA FONCTION SENSORIELLE DE LA PEAU

76. ***Indiquez la présence et le rôle dans la peau des récepteurs du toucher.***

Récepteurs du toucher	Rôles
• Nocirécepteurs	• Perception des sensations douloureuses
• Mécanorécepteurs	• Perception de la pression, des vibrations
• Thermorécepteurs	• Perception de la chaleur, du froid
• Épithélioïdocytes du tact	• Information tactile

LES ANNEXES CUTANÉES

77. ***Indiquez les différentes annexes cutanées.***

- Follicules pilosébacés.
- Glandes sudoripares eccrines.
- Ongles.

L'appareil pilosébacé

78. *Indiquez d'après le schéma les différentes structures anatomiques qui constituent l'appareil pilosébacé.*

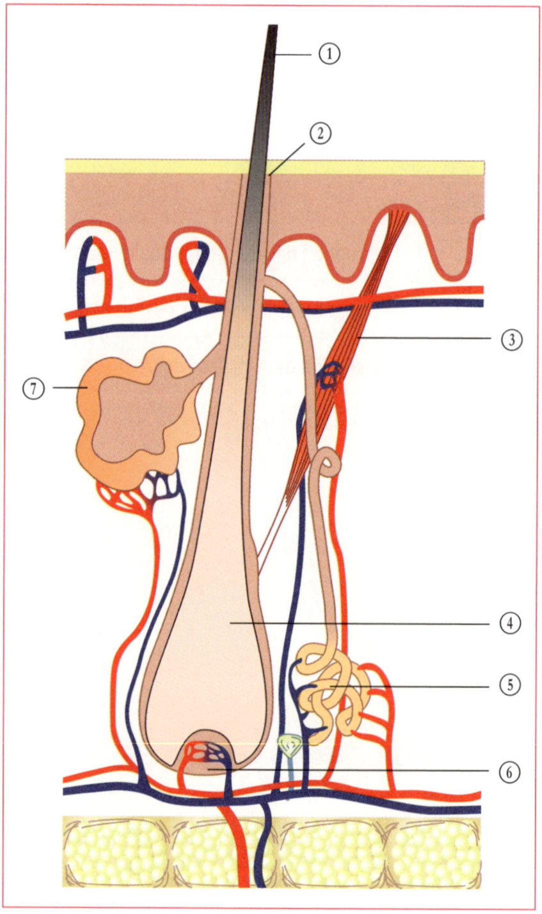

Fig. 1.20 – Schéma général de la peau.

① : Poil
② : Ostium folliculaire
③ : Muscle pilomoteur
④ : Follicule pileux
⑤ : Glande sudoripare apocrine
⑥ : Papille dermique
⑦ : Glande sébacée

Le follicule pileux et le poil

79. ***Précisez la répartition des poils sur la peau.***

Toute la surface du corps, exceptions : paume des mains, plante des pieds.

80. ***Indiquez d'après le schéma les différentes structures qui constituent le follicule pileux.***

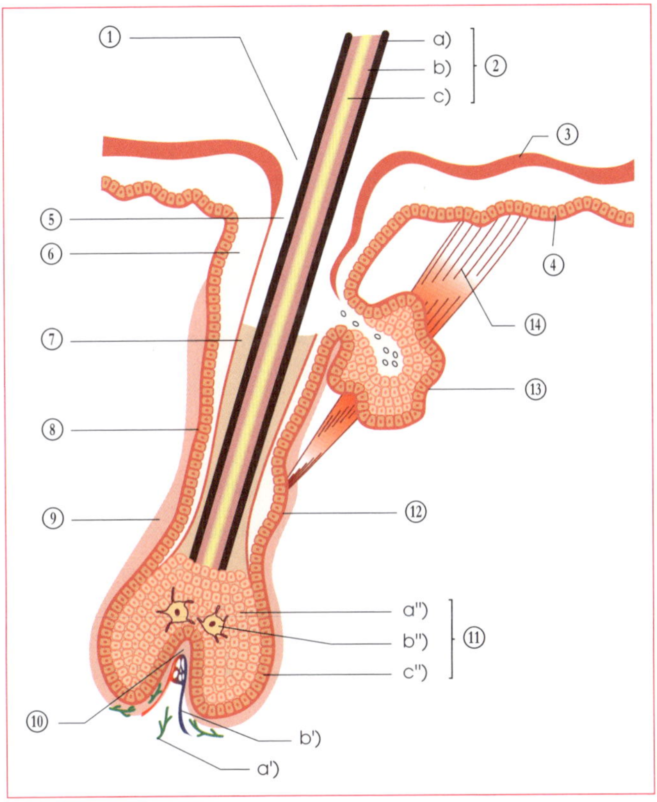

Fig. 1.21 – Coupe du follicule pileux.

① : Ostium folliculaire
② : Tige pilaire ou poil
  a) Cuticule
  b) Écorce
  c) Moelle
③ : Couche cornée
④ : Couche germinative
⑤ : Infundibulum
⑥ : Gaine épithéliale externe

⑦ : Gaine épithéliale interne
⑧ : Lame basale
⑨ : Gaine conjonctive ou sac fibreux
⑩ : Papille dermique
  a') Filets nerveux
  b') Capillaires sanguins
⑪ : Bulbe pileux
  a'') Cellules germinatives
  b'') Mélanocyte
  c'') Zone kératogène
⑫ : Bulge
⑬ : Glande sébacée
⑭ : Muscle pilomoteur

81. ***Établissez la relation entre la physiologie du poil et le processus de kératogénèse.***

- **Similitude** : à partir des cellules germinatives les cellules se différencient et se kératinisent selon le processus épidermique.
- **Différence** : les kératines du poil sont des kératines dures, les kératines de la couche cornée épidermique sont des kératines molles.

82. ***Indiquez l'origine de la couleur des poils.***

Couleur déterminée dans la zone des mélanocytes par transfert des eumélanines et des phaeomélanines dans les cellules qui formeront l'écorce.

83. ***Décrivez les phases du cycle pilaire à partir du schéma fourni.***

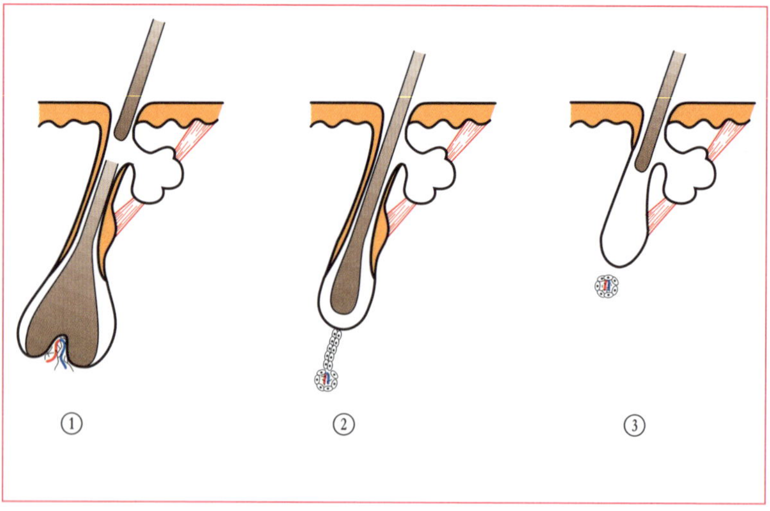

Fig. 1.22 – Cycle de pousse du poil.

Trois phases :
① : anagène ;
② : catagène ;
③ : télogène.

Phase anagène	Phase catagène	Phase télogène
• Pousse constante du poil due à la multiplication des cellules germinatives (matricielles) • Pousse d'un nouveau poil avec présence momentanée de l'ancien poil qui va être éliminé • Durée : – cheveux 4 à 6 mois – autres poils 2 à 4 mois	• Arrêt pousse du nouveau poil • Papille reliée au bulbe (en forme de massue) par un mince cordon de cellules épithéliales • Montée du poil dans le follicule pileux • Durée : cheveux 2 à 3 semaines	• Phase de repos • Bulbe atrophié • Progression du poil kératinisé → infundibulum • Chute du poil • Durée : cheveux 3 mois

84. ***Indiquez le rôle des poils en fonction de leur localisation.***

- Cheveux : protection thermique et anti-UV.
- Corps : perception tactile.
- Aisselles, pubis, moustache, barbe : caractères sexuels secondaires.

La glande sébacée

85. ***Indiquez la distribution et l'importance quantitative des glandes sébacées selon les régions du corps.***

- Siège : toute la surface du corps, sauf paume des mains, plantes des pieds (derme moyen).
- Distribution :
  - importance ++ : visage (partie médiane du visage), cuir chevelu (300 à 900 /cm^2), les plus volumineuses ;
  - importance + : haut du dos, poitrine (100/cm^2 environ) ;
  - importance - : autres parties du corps (< 50).

86. ***Indiquez le groupe des glandes dont fait partie la glande sébacée.***

Groupe : glande exocrine acineuse (acini regroupé en lobes).

87. Précisez la structure de la glande sébacée.

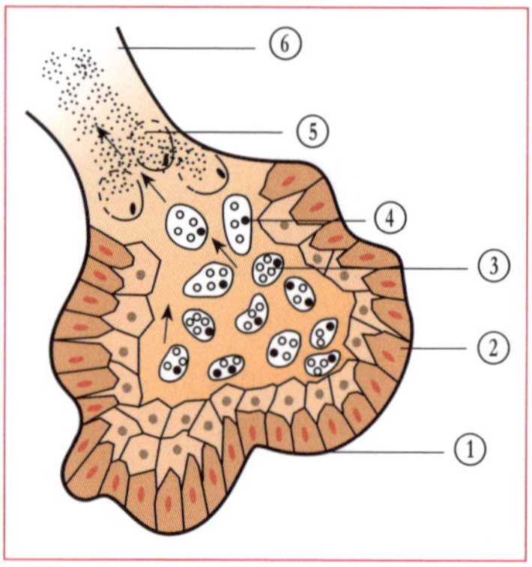

Fig. 1.23 – Glande sébacée

Structure :
① : Lame basale
② : Couche germinative
③ : Gouttelettes lipidiques
④ : Sébocyte
⑤ : Sébum
⑥ : Canal excréteur

88. Expliquez le mécanisme de la sécrétion sébacée.

- Migration des cellules vers le centre de la glande, remplissage de gouttelettes lipidiques, augmentation du volume des cellules (sébocytes).
- Désintégration des sébocytes → sébum (débris cellulaires+ lipides).
- Excrétion à la surface cutanée par le canal excréteur.

89. Précisez la nature du sébum et sa composition.

- Sébum : produit de sécrétion des sébocytes de la glande sébacée.
- Composition : lipides (triglycérides, acides gras, cire, squalène, cholestérol).

90. Précisez le rôle du sébum.

- Maintien de l'acidité du pH cutané (environ 5,5) nécessaire à la lutte contre les germes pathogènes.
- Lubrification du poil.
- Nutriment de la flore cutanée résidente.
- Élaboration du film hydrolipidique (facteur de l'hydratation cutanée).
- Maintien de la souplesse de la couche cornée.

91. Indiquez le rôle hormonal dans la production du sébum.

Production et prolifération des sébocytes du sébum sous contrôle hormonal androgénique, notamment testostérone (↗ puberté ; ++ chez l'homme).

La glande sudoripare apocrine

92. *Indiquez la localisation des glandes sudoripares apocrines.*

- Derme profond ou réticulaire.
- Toujours annexées à un poil.
- Localisation : aisselles, pubis, régions génitales, aréole des seins, paupières.

93. *Précisez le groupe des glandes dont fait partie la glande sudoripare apocrine.*

Groupe : glande exocrine tubuleuse et pelotonnée.

94. *Indiquez le rôle de la sécrétion apocrine.*

- Sécrétion, sous contrôle hormonal, débute à la puberté.
- Véhicule les odeurs propres à chaque individu : les phéromones.

Le muscle pilomoteur

95. *Décrivez à partir du schéma fourni le muscle pilomoteur et précisez son rôle.*

Se reporter au schéma de la coupe du follicule pileux (Fig. 1-21).

Description	Situation	Rôle
• Faisceau de fibres musculaires lisses innervé par le système sympathique	• Tendu obliquement du follicule pileux (bulge) → derme superficiel ou papillaire • Insertion constante sur follicule pileux	• Contraction → redressement du poil horripilation) → dégagement de chaleur → lutte contre le froid

L'appareil sudoripare eccrine

96. *Indiquez la distribution des glandes sudoripares eccrines dans la peau.*

- Répartition : sur toute la surface du corps, + pour paume des mains, plantes des pieds, front, poitrine ; absence : lèvres, lit de l'ongle.
- Nombre : 3 à 5 millions, ↘ avec l'âge.

97. *Précisez le groupe des glandes dont fait partie la glande sudoripare eccrine.*

Glande exocrine tubuleuse simple pelotonnée en glomérule.

98. ***Annotez sur le schéma fourni la structure de la glande sudoripare eccrine.***

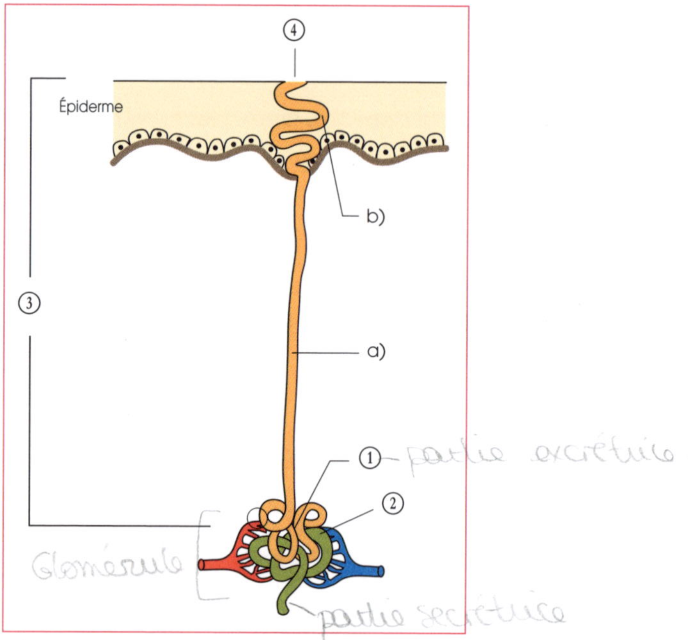

Fig. 1.24 – Glande sudoripare eccrine.

① : Glomérule comprenant le peloton sécrétoire
② : Partie sécrétrice de la glande
③ : Canal sudorifère (conduit la sueur jusqu'au pore)
  a) Canal excréteur dermique
  b) Canal excréteur intraépidermique
④ : Pore, partie excrétrice de la sueur

99. ***Indiquez la composition de la sueur.***

- pH acide : entre 4 et 6.
- Composition :
  - eau : 99 % ;
  - sels minéraux (0,5 %) : sodium, potassium, chlore ;
  - substances organiques (0,5 %) : urée, ammoniaque, acide lactique, acides aminés.

100. ***Précisez les rôles de la sueur.***

- Thermorégulation : rôle essentiel.
  - Maintenir la température constante du corps : homéothermie.
  - Éliminer dans le milieu extérieur à l'organisme la chaleur produite par élévation de température externe ou interne.

- Mécanisme : la température s'élève, d'où réflexe de sécrétion et d'excrétion provoquant :
  ✓ évaporation sueur,
  ✓ déperdition de chaleur,
  ✓ abaissement de la température corporelle.
- Maintien de l'hydratation de la couche cornée.
- Équilibre de la flore cutanée résidante.

101. ***Précisez le contrôle de la sudation par le système nerveux.***

- Mécanisme : voie réflexe.
- Stimulus (élévation température corporelle) :
  - information vers l'hypothalamus (centre nerveux contrôlant la sudation) ;
  - conduction de la réaction de l'hypothalamus par des fibres nerveuses ;
  - sécrétion et excrétion de la sueur par les glandes sudoripares eccrines.

L'appareil unguéal

102. ***Indiquez les éléments constituant l'ongle sur le schéma représentant une coupe longitudinale.***

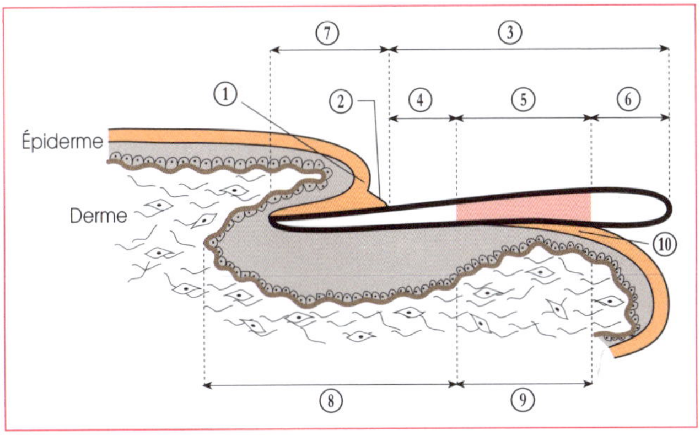

Fig. 1.25 – Coupe longitudinale de l'ongle.

① : Éponychium (repli sus-unguéal)
② : Cuticule
③ : Limbe cornée (ongle)
④ : Lunule
⑤ : Zone rosée
⑥ : Bord libre
⑦ : Racine
⑧ : Matrice
⑨ : Lit de l'ongle
⑩ : Hyponychium

103. ***Décrivez la physiologie de l'ongle.***

Épaisseur	Croissance	Renouvellement
• Doigts : 0,5 mm environ	• 1 mm/semaine	• 4 à 6 mois
• Orteils : + épais	• ↘ avec l'âge	

104. ***Établissez la différence de croissance entre les ongles et les poils.***

- Croissance des ongles : perpétuelle.
- Croissance des poils : cyclique.

105. ***Citez les rôles de l'ongle.***

- Protection de l'extrémité distale des doigts et des orteils.
- Préhension des petits objets.
- Participation à la sensibilité tactile pulpaire.

LE FILM HYDROLIPIDIQUE DE SURFACE

106. ***Définissez le film hydrolipidique de surface.***

Film hydrolipidique : émulsion E/H qui recouvre la couche cornée.

107. ***Indiquez les deux principaux constituants du film hydrolipidique de surface.***

Composition :

- Phase hydrophile (aqueuse) : sécrétion sudorale eccrine → sueur.
- Phase lipophile (huileuse) : sécrétion sébacées → sébum.

108. ***Indiquez le rôle du film hydrolipidique de surface.***

- Maintien de l'acidité cutanée.
- Défense contre les microbes et les champignons.
- Maintien du pH acide.

109. ***Indiquez la valeur moyenne du pH de la surface cutanée.***

- pH entre 5 et 6.
- Différent selon les zones cutanées, le sexe et l'âge.

110. ***Indiquez la présence à la surface de la peau d'une flore microbienne « résidante » et précisez le rôle du pH cutané dans le développement de cette flore.***

- Au niveau de la peau, présence d'espèces microbiennes constituant la « flore résidante » (Staphylococcus epidermis, Propionibacterium acnes).
- pH cutané physiologique **acide** (< 7).
- Variations du pH entraînent apparition d'une flore « transitaire » composée de germes pathogènes.

LES DIFFÉRENTS TYPES DE PEAU

111. ***Citez les éléments qui permettent de différencier les types de peau.***

- Modification de la sécrétion sébacée.
- Modification de l'hydratation cutanée.
- Troubles de la kératinisation.
- Sexe.
- Pigmentation.

112. ***Citez les grands types de peau, leurs modifications physiologiques et leurs caractéristiques.***

Types de peau	Modifications physiologiques	Caractéristiques
• Grasse ou séborrhéique	• Hypersécrétion sébacée	• Aspect luisant • Orifices folliculaires dilatés • Comédons • Peau épaisse • Rides profondes
• Sèche ou déshydratée	• Baisse de la teneur en eau • Causes : – déficit en N.M.F. – désorganisation du ciment intercellulaire – altération du film hydrolipidique	• Aspect parcheminé • Peau fine • Rides fines, nombreuses • Rougeurs • Dartres fréquentes
• Alipidique et/ou rêche	• Carence en lipides • Causes : – hyposécrétion sébacée – modification de la composition du ciment intercellulaire	• Desquamation visible et groupée des cellules cornées • Rugosité
• Sensible et réactive	• Barrière hydrolipidique altérée • Microcirculation perturbée • Seuil de tolérance abaissé	• Rougeurs • Échauffement • Sensation de : – brûlure – picotements – tiraillement – inconfort
• Mixte	• Modifications combinées décrites ci-dessus	• Le plus souvent : – grasse sur la région médiofaciale (glandes sébacées + nombreuses et + volumineuses) – sèche et/ou alipidique et/ou ou sensible sur les parties latérales

LE VIEILLISSEMENT CUTANÉ

113. ***Différenciez le vieillissement cutané naturel du vieillissement cutané actinique.***

- Le vieillissement cutané naturel résulte de modifications biologiques et physiologiques progressives et inévitables.
- Le vieillissement cutané actinique est dû aux expositions solaires accélérant le vieillissement naturel.

114. ***Indiquez les principaux facteurs responsables du vieillissement cutané.***

Facteurs :

- génétiques : inégalité selon les gènes ;
- hormonaux : ménopause ;
- alimentaires : carence ;
- addictifs : alcool, tabac, drogue ;
- climatiques : soleil, froid, vent, et pollution ;
- musculaires : contraction des muscles peauciers (rides) ;
- autres : maladie, stress, manque de sommeil.

115. ***Indiquez les signes principaux du vieillissement cutané naturel.***

- Amincissement.
- Sécheresse.
- Laxité (« relâchement »).
- Atonie.
- Rides.
- Taches pigmentaires.

116. ***Indiquez les effets du vieillissement sur les phanères.***

- Cheveux :

Couleur	Qualité	Quantité
• Blanchissement ou canitie	• Amincissement	• Raréfaction

- Poils : blanchissement, raréfaction ou pousse anarchique (visage, nez, oreilles).
- Ongles

Croissance	Couleur	Surface	Consistance
• Ralentissement	• Modification (opaque, grisâtre, disparition lunule)	• Stries longitudinales en relief	• Amincissement des ongles des doigts • Épaississement des ongles des orteils

BIOLOGIE

117. ***Précisez le rôle du soleil dans le vieillissement cutané.***

Le vieillissement actinique est différent du vieillissement naturel.

Modifications cutanées	Conséquences
• Épaississement de la couche cornée	• Peau épaisse • Hyperkératoses
• Augmentation de la densité des mélanocytes et répartition désordonnée	• Taches pigmentaires
• Dilatation des capillaires sanguins	• Érythème, télangiectasies
• Raréfaction et altération des macrophagocytes intraépidermiques	• Immunité cutanée diminuée
• Abondance de fibres élastiques de mauvaise qualité	• Rides profondes • Élastose

EFFETS BIOLOGIQUES DU SOLEIL SUR LA PEAU

118. ***Indiquez sur le schéma du spectre solaire les différents rayonnements.***

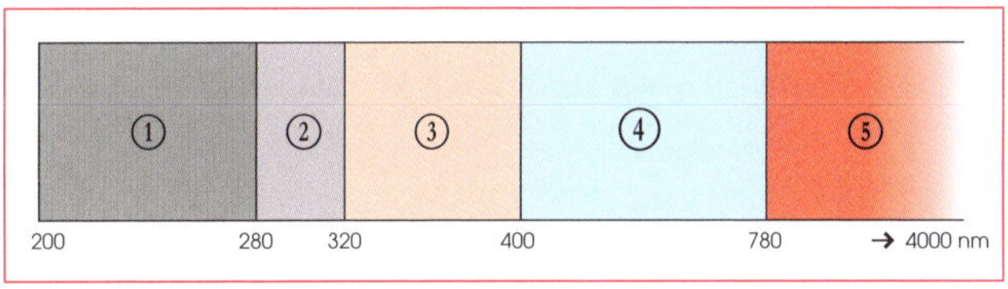

Fig. 1.26 – Spectre solaire.

① : UVC
② : UVB
③ : UVA
④ : Lumière visible
⑤ : Infrarouges

119. ***Définissez le phototype.***

Le phototype traduit l'aptitude à l'érythème et à la pigmentation d'un individu.

120. *Précisez les différents phototypes et leurs caractéristiques.*

Phototypes	Cheveux	Carnation	Coup de soleil	Réactions aux UV
• 1. Mélanocompromis	• Roux	• Laiteuse	• Constant	• Ne bronze pas
• 2. Mélanocompromis	• Blonds	• Claire	• Constant	• Bronze peu
• 3. Mélanocompromis	• Châtain	• Claire	• Fréquent	• Bronze modérément
• 4. Mélanocompétent	• Brun clair	• Mate	• Rare	• Bronze bien
• 5. Mélanocompétent	• Brun foncé	• Mate	• Exceptionnel	• Bronzage intense
• 6. Mélanocompétent	• Noir	• Noir	• Jamais	• Fortement pigmenté

121. *Citez les conséquences d'une exposition solaire sur les peaux claires.*

Effets immédiats	• Synthèse de la vitamine D • Pigmentation immédiate • Rougeur • Transpiration
Effets retardés	• Érythème actinique ou coup de soleil • Pigmentation retardée (bronzage) • Épaississement de la couche cornée
Effets à long terme	• Réactions inflammatoires • Vieillissement actinique • Altération du système immunitaire • Cancers cutanés
Effets accidentels	• Photodermatoses : lucites, urticaire solaire • Photosensibilisation • Photoallergie
Effets multiples	• Exacerbation de l'acné, l'herpès, • Couperose, Rosacée • Anomalies de la pigmentation • Photokératite, photoconjonctivite, cataracte

PARTIE 2

Dermatologie

1
Maladies de la peau à partir des principales lésions élémentaires

1. *Définissez une lésion élémentaire.*

Lésion élémentaire : modification pathologique visible de la peau.

Les macules

2. *Définissez les macules.*

Macule : modification de la couleur de la peau formant des taches sans relief ni infiltration.

3. *Citez les 2 grandes variétés de macules.*

Variétés :
- les macules rouges. Exemple : érythrose, couperose ;
- les dyschromies. Exemple : mélasma, pigmentation des parfums, vitiligo.

4. *Citez les signes cutanés, les localisations et les causes des macules rouges. Quelle doit être la conduite de l'esthéticienne ?*

Macules rouges	Signes cutanés	Localisations	Causes	Conduite de l'esthéticienne
Érythrose faciale	• Rougeur passagère tendant à devenir permanente	• Visage, décolleté	• Stase sanguine veineuse (ralentissement de la circulation)	• Soins esthétiques et cosmétiques pour peau sensible • Maquillage camouflage • Photoprotecteurs
Couperose	• Rougeur permanente + télangiectasies	• Pommettes • Ailes du nez	• Dilatation permanente des capillaires en arborisations	• *Idem* + consultation médicale conseillée

5. *Citez les signes cutanés, les localisations et les causes des taches ou macules dyschroniques. Quelle doit être la conduite de l'esthéticienne ?*

Taches ou macules dyschromiques	Signes cutanés	Localisations	Causes	Conduite de l'esthéticienne
Mélasma	• Taches brunes, contours irréguliers (hyperchromie)	• Front, tempes, pommettes (symétrie)	• Grossesse • Contraceptif hormonal + soleil	• Informer
Pigmentation (dermite) des parfums	• Taches brunes • Contours irréguliers (hyperchromie)	• Lieu d'application du parfum ou autre cosmétique	• Substance photosensibilisante + soleil	• Informer
Vitiligo	• Taches dépigmentées, blanches (hypochromie)	• Visage, cou, dos des mains, avant-bras	• Destruction des mélanocytes (maladie auto immune soupçonnée)	• Antisolaire très haute protection • Maquillage camouflage

Les papules

6. *Définissez les papules.*

Papules : lésions roses ou rouges, solides, en relief.

7. *Citez les signes cutanés, les localisations et les causes des papules. Quelle doit être la conduite de l'esthéticienne ?*

Papules	Signes cutanés	Localisations	Causes	Conduite de esthéticienne
Verrues planes	• Petites élevures peu saillantes roses, grisâtres ou jaunâtres	• Visage, paupières, dos des mains	• Papillomavirus	• Hygiène rigoureuse
Lucite estivale bénigne	• Petites papules très prurigineuses	• Zones corporelles habituellement couvertes	• Soleil (UVA) (12 heures après exposition)	• Informer

Les vésicules

8. *Définissez les vésicules.*

Vésicules : élevures cutanées épidermiques de petite taille (< 3 mm) contenant un liquide clair, séreux.

9. *Citez les signes cutanés, les localisations, les causes et les facteurs déclenchants des vésicules. Quelle doit être la conduite de l'esthéticienne ?*

Vésicules	Signes cutanés	Localisations	Causes et facteurs déclenchants	Conduite de esthéticienne
Herpès	• Évolution : – sensation de cuisson (24 heures après) → – vésicules « en bouquet » → – croûtes	• Visage • Lèvres • Nez • Doigts • Organes génitaux	• Cause : herpes simplex virus • Facteurs déclenchants : – menstruations – stress – surmenage – soleil	• Hygiène très rigoureuse car contagieux
Eczéma allergique de contact (réaction cutanée due à des allergènes)	• Évolution : – plaque érythémateuse et prurigineuse → – vésicules → – suintement de sérosité → – croûtes → – desquamation	• En général au point de contact	• Diverses : – colorants – parfums – vernis à ongles – déodorants teintures – nickel, chrome, *etc.*	• Hygiène très rigoureuse

Les pustules

10. *Définissez les pustules.*

Pustules : lésions en relief dont le contenu est du pus.

11. *Citez les signes cutanés, les localisations, les causes et les facteurs déclenchants des pustules. Quelle doit être la conduite de l'esthéticienne ?*

Pustules	Signes cutanés	Localisations	Causes et facteurs déclenchants	Conduite de l'esthéticienne
Folliculites	• Papules surmontées de pustules et centrées par un poil	• Visage • Nuque • Poitrine • Dos • Jambes • Fesses	• Staphylocoque (principalement)	• Hygiène très stricte car risque de contagion
Impétigo (fréquent chez l'enfant)	• Pustules, vésicules recouvertes de croûtes jaunâtres	• Visage • (périnasal, périlabial) • Mains • Membres	• Staphylocoque • Streptocoque	• *Idem*

Les squames

12. *Définissez les squames.*

Squames : lamelles épaisses de cellules épidermiques qui se détachent de la couche cornée.

13. *Décrivez le psoriasis.*

Définition	Signes cutanés	Localisations	Mécanisme	Facteurs déclenchants
• Affection cutanée fréquente, génétique, chronique	• Plaques érythémateuses surmontées de squames épaisses, blanches, friables	• Coudes, genoux, tronc, cuir chevelu, ongles	• Accélération du renouvellement des cellules épithéliales, accumulation des kératinocytes	• Anxiété, traumatismes divers, prise de médicaments

Les tumeurs cutanées

14. *Définissez les tumeurs cutanées.*

- Tumeurs cutanées : lésions dues à la formation anarchique de tissus pathologiques aux dépens de tissus sains.
- Distinction : tumeurs bénignes et tumeurs malignes.

15. *Citez les signes cutanés, les localisations et les causes des tumeurs bénignes.*

Tumeurs bénignes	Signes cutanés	Localisations	Causes
Grains de beauté (naevi pigmentaires)	• Taches planes ou peu saillantes • Bords réguliers • Couleur homogène (brun clair ou foncé)	• N'importe quelle partie du corps	• Prolifération et amas de mélanocytes
Chéloïdes	• Nodules fermes, saillants, rosés, lisses	• N'importe quelle partie du tégument • Sur cicatrices de brûlure, vaccination, incision chirurgicale, *etc.*	• Anomalie de la cicatrisation due à une prolifération excessive du tissu conjonctif

16. *Indiquez les deux variétés de cancers de la peau.*

- Épithéliomas : développement aux dépens des cellules basales épidermiques.
- Mélanomes : développement aux dépens des mélanocytes.

17. *Citez les signes cutanés, les localisations et les causes des épithéliomas et des mélanomes. Quelle doit être la conduite de l'esthéticienne ?*

	Épithéliomas	Mélanomes
Signes cutanés	• Élevure rosée + télangiectasies • Plaque ulcérée • Nodule translucide « perle » • Plaque squameuse kératosique	• Règle « abcde » : – asymétrie – bords irréguliers – couleur hétérogène – diamètre > 6 mm – évolution (extension, modification)
Localisations	• Zones découvertes	• Zones habituellement couvertes : – hommes : dos – femmes : jambes
Causes	• Expositions solaires chroniques	• Expositions solaires intenses, intermittentes durant l'enfance
Conduite de l'esthéticienne	• Si reconnaissance précoce : conseiller fermement consultation médicale	

2 Les affections des annexes cutanées

Les affections du système pileux

L'HYPERTRICHOSE

18. *Définissez l'hypertrichose.*

Hypertrichose : développement anormal du système pileux (congénital ou acquis).

LES ALOPÉCIES

La calvitie

19. *Décrivez la calvitie commune de l'homme.*

Définition	Facteurs responsables	Évolution
• Alopécie diffuse progressive	• Hormonal et génétique (alopécie androgénétique)	• Raréfaction, perte des cheveux au niveau de la ligne frontale • Recul de cette ligne jusqu'à la partie supérieure du crâne • Persistance des cheveux au niveau de la zone temporo-occipitale • En forme de couronne

La pelade

20. *Décrivez la pelade.*

- Définition : chute anormale localisée des cheveux.
- Manifestation : une ou plusieurs petites plaques glabres, arrondies ou ovalaires et lisses qui peuvent confluer.

- Localisation : cuir, cheveux, cils, sourcils.
- Évolution : début à n'importe quel âge, guérison spontanée.
- Mécanisme : auto-immunitaire.
- Agent favorisant : choc émotionnel.

L'acné juvénile

21. *Décrivez l'acné juvénile.*

Définition	• Affection des follicules pilosébacés
Signes cutanés	• Séborrhée, comédons ouverts, comédons fermés ou microkystes, papules, pustules
Localisations	• Visage (région médiofaciale), partie supérieure du dos, poitrine, épaules
Évolution	• Début : puberté • Durée : 3 à 5 ans (par poussées)
Facteur déclenchant	• Stimuli hormonaux
Mécanisme	• Augmentation de la taille des glandes sébacées + séborrhée • Bouchon corné (hyperkératinisation du canal folliculaire) • Présence de bactéries dans les follicules pilosébacés • Comédons, microkystes • Réactions inflammatoires (papules, pustules)
Conduite de l'esthéticienne	• Conseiller : – nettoyage matin et soir avec cosmétiques non agressifs – application régulière de kératolytiques – application quotidienne de crème hydratante et apaisante – protection solaire indispensable – ne pas presser les comédons

L'hyperhidrose palmoplantaire

22. *Décrivez l'hyperhidrose palmoplantaire.*

Manifestation	Localisation	Facteurs déclenchants
• Hypersécrétion sudorale + odeur fétide	• Paume des mains, plante des pieds	• Chaleur, stimuli émotionnels

Les anomalies et affections des ongles

23. *Décrivez les anomalies et affections de l'ongle en précisant leur aspect et les facteurs causals.*

Anomalies et Affections	Aspect	Facteurs causals
Ongle hippocratique	• Modification de la forme : épaissi, bombé, élargi	• Affections : cardiovasculaires, bronchopulmonaires, digestives
Onychogryphose	• Modification de la forme : très épaissi, durci, incurvé en forme de griffe	• Traumatismes, parasites, insuffisance circulatoire (sujets âgés)
Onycholyse	• Modification de la forme : décollement de l'ongle de son lit	• Mycoses, psoriasis, lichen plan, détergents, affections circulatoires...
Hyperstriations longitudinales	• Modification de la surface : sillons longitudinaux parallèles formant des reliefs	• Vieillissement
Leuconychie	• Modification de la couleur : coloration blanche soit striée, soit ponctuée	• Traumatismes légers de la matrice

24. *Précisez la conduite à tenir de l'esthéticienne devant ces anomalies et affections de l'ongle.*

- Hygiène rigoureuse, désinfection des instruments.
- Soins de manucurie et de beauté des pieds non agressifs pour la matrice.

PARTIE 3

Technologie des appareils et des instruments

1 Courants et ondes utilisés en soins esthétiques

Courants électriques

1. *Définissez le courant électrique.*

Courant électrique : déplacement de particules chargées électriquement dans un conducteur (électrons dans les conducteurs métalliques, ions dans les conducteurs liquides).

2. *Définissez les unités de base du courant électrique.*

Dénomination	Définition	Unité de mesure
Intensité (I)	• Quantité d'électrons traversant un conducteur pendant 1 seconde	• Ampère (A) • 1 000 ampères = 1 KA • 0,001 ampères = 1 mA
Tension (U) ou différence de potentiel	• Différence de concentration en électrons entre deux points d'un circuit	• Volt (V) • 1 000 volts = 1 KV • 0, 001 volts = 1 mV
Puissance (P)	• Quantité d'énergie consommée par un appareil soumis à une tension • P = UI	• Watt
Résistance (R)	• Se traduit par la formule : • R = U/I	• Ohm

DIFFÉRENTS COURANTS

3. ***Citez les différents types de courant, leurs particularités et leurs applications en esthétique.***

Types de courant	Particularités	Applications en esthétique
Galvanique	• Courant polarisé • Déplacement des électrons toujours dans le même sens	• Désincrutation • Ionophorèse transcutanée
Alternatif	• Courant bidirectionnel dépolarisé • Change périodiquement de sens • Caractéristiques : – amplitude (Umax) – période (T) – fréquence (f) • Différents types de fréquences : – basse fréquence : de 1 à 2 500 Hertz (Hz) – moyenne fréquence : 2 500 à 100 000 Hz – haute fréquence > 100 000 Hz	• Appareil haute fréquence avec électrodes de Mac Intyre

RISQUES ÉLECTRIQUES

4. ***Énumérez les règles de sécurité en matière de prévention des risques électriques.***

- Installation électrique : sécurité maximale (raccord à la terre + disjoncteur).
- Certificat conformité par EDF.
- Appareils homologués (n° attribution apposé sur appareil).
- **Aucun contact avec l'eau** pendant l'utilisation d'un appareil électrique.
- Débrancher l'appareil électrique avant le nettoyage.
- Éviter les rallonges électriques.
- Ne pas alimenter de multiples appareils sur une même prise.
- Vérifier régulièrement l'état de l'installation et du matériel électriques.
- Respecter la procédure d'utilisation des appareils.

PLAQUE SIGNALÉTIQUE D'UN APPAREIL ÉLECTRIQUE

5. ***Précisez les indications présentes sur la plaque signalétique des appareils électriques.***

- **Voltage** ou tension : 230-240 V = tension nominale de l'appareil.
- **Puissance** : 1 000 W= puissance nominale de l'appareil.
- **Sigle ~** (qui signifie que l'appareil ne fonctionne que sur du courant alternatif).
- **50 Hz** : fréquence du courant.
- **CE** : appareil répond aux normes de sécurité européenne.

Ondes acoustiques

6. *Définissez les ondes acoustiques.*

Vibrations mécaniques qui se propagent dans l'air.

7. *Citez les caractéristiques des ultrasons et leur production.*

Caractéristiques	Définition	Unités de mesure
Fréquence (f)	• Nombre de vibrations par seconde	• Hertz (H)
Période (T)	• Temps mis pour décrire une ondulation élémentaire	• Seconde
Longueur d'onde (λ)	• Distance parcourue par l'onde pendant une durée égale à une période	• Mètre

Production : piézoélectricité du quartz.

8. *Précisez les applications en esthétique.*

- Action mécanique : micromassage.
- Action thermique : activation du métabolisme cellulaire.
- Action de « cavitation » : effet *peeling*.

2
Appareils utilisés dans les soins esthétiques

Appareil pour l'observation de la peau

9. *Précisez la fonction de l'appareil représenté et légendez le schéma ci-joint.*

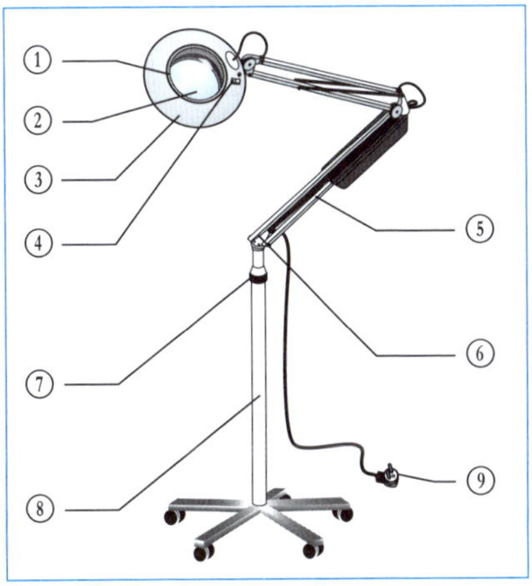

Fig. 3.1 – Lampe loupe.

- Fonction : donner une image agrandie et éclairée de la surface cutanée afin d'en faciliter l'observation.
- Légende :

① : Tube circulaire
② : Lentille convexe
③ : Tête orientable
④ : Interrupteur et voyant lumineux
⑤ : Bras articulé
⑥ : Système d'ancrage
⑦ : Collier de serrage
⑧ : Pied télescopique
⑨ : Cordon secteur et prise de terre

Appareils utilisés pour les soins esthétiques de la peau

10. *Précisez la fonction de l'appareil schématisé ci-dessous.*

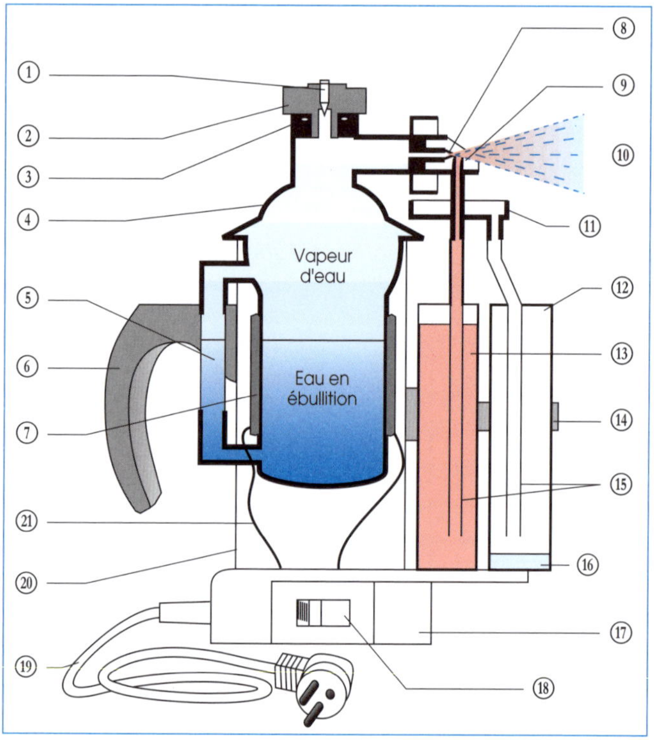

Fig. 3.2 – Pulvérisateur vaporisateur (Lucas Championnière).

- Fonction : projeter un mélange de vapeur d'eau et d'une solution aqueuse.

11. *Annotez le schéma ci-dessus.*

① : Soupape de sécurité
② : Bouchon
③ : Joint
④ : Chaudière
⑤ : Niveau d'eau
⑥ : Poignée
⑦ : Résistances électriques
⑧ : Éjecteur de vapeur
⑨ : Éjecteur de solution

(10) : Mélange vapeur-solution
(11) : Récupérateur de condensation
(12) : Godet
(13) : Solution
(14) : Pince de fixation
(15) : Tubes souples
(16) : Eau de condensation
(17) : Socle
(18) : Interrupteur
(19) : Cordon secteur avec prise de terre
(20) : Gaine métallique
(21) : Fil électrique

12. *Complétez le tableau suivant relatif aux actions, effets physiologiques et indications de l'appareil.*

Actions	Effets physiologiques		Indications
• **Chimique** (dues aux actifs de la solution	• Adoucissant, assainissant, décongestionnant, calmant, tonifiant, *etc.*		• Tous types de peau
• **Thermique** (différente selon la distance appareil/visage)	• Chaud	• < 20 cm : vasodilatateur, émollient	• Peau grasse (facilite l'extraction des comédons)
	• Tiède	• = 20 cm : relaxant	• Peau normale/mixte
	• Frais	• > 20 cm : apaisant, décongestionnant	• Peau sèche, peau sensible

13. *Identifiez les éléments de l'appareil représenté.*

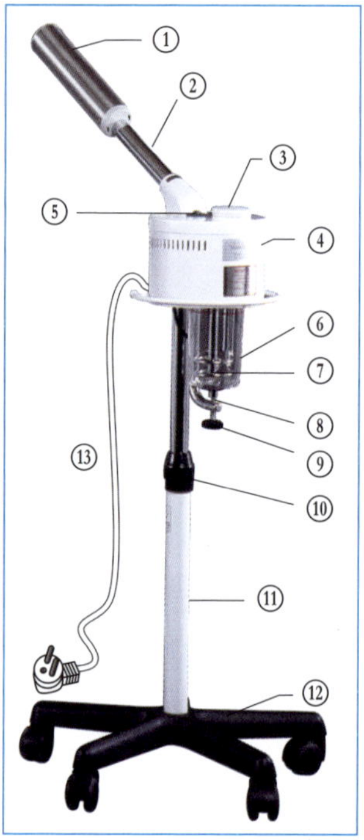

Fig. 3.3 – Vaporisateur avec production d'ozone.

• Identification des éléments :

① : Tête directionnelle
② : Bras
③ : Orifice de remplissage
④ : Carrosserie
⑤ : Interrupteurs (vapeur, ozone)
⑥ : Réservoir d'eau
⑦ : Résistances
⑧ : Support du réservoir
⑨ : Vis de serrage
⑩ : Système de réglage de la hauteur
⑪ : Pied télescopique
⑫ : Socle à roulettes
⑬ : Cordon secteur avec prise de terre

14. *Identifiez les détails de la tête de l'appareil schématisée.*

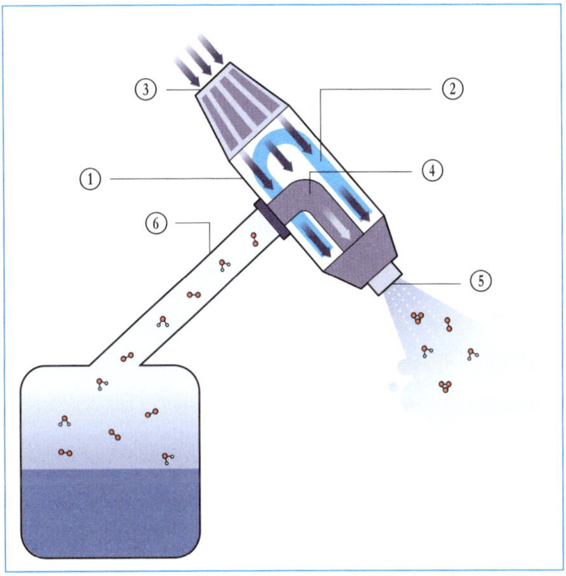

Fig. 3.4 – Tête de vaporisateur à ozone.

①: Tête
②: Lampe UVC
③: Entrée d'air
④: Bec de sortie vapeur
⑤: Sortie vapeur ozonisée
⑥: Col de cygne

15. *Énoncez son principe de fonctionnement.*

- **Obtention de la vapeur** : eau portée à ébullition par les résistances électriques de la chaudière et dégagement de vapeur par la tête de l'appareil.
- **Obtention de l'ozone** :
  - émission d'UVC à partir de la vapeur de mercure (contenue dans le tube en quartz) ionisée par le courant électrique ;
  - décomposition par les UVC de l'oxygène ambiant et formation d'ozone (O_3).

16. ***Précisez les actions, les effets physiologiques et les indications liés à l'utilisation de cet appareil.***

Actions	Effets physiologiques	Indications
• **Thermique**	• Dilatation des orifices folliculaires (ostia) • Vasodilatation	• Extraction des comédons • Nettoyage de la peau • Pénétration d'actifs cosmétiques
• **Chimique :** – ozone – huiles essentielles	• Bactéricide • Divers (selon l'essence utilisée)	• Assainir la peau • Relaxer, tonifier, purifier, *etc.*

17. ***Citez les précautions d'emploi et les règles d'hygiène liées à l'utilisation de cet appareil.***

- Vérifier le bon état du cordon secteur et de la prise.
- Remplir le réservoir d'eau jusqu'à l'indicateur du niveau d'eau.
- Attendre la sortie de la vapeur avant de diriger l'appareil vers le sujet.
- Détartrer régulièrement les résistances de l'appareil.
- Nettoyer quotidiennement le réservoir.
- Nettoyer et changer fréquemment l'adaptateur ou tampon pour les huiles essentielles.
- Vérifier le bon fonctionnement du générateur d'UVC.

18. ***Identifiez les éléments de l'appareil ci-après (Fig. 3.5).***

① : Coffret métallique contenant un compresseur
② : Solution
③ : Flacon
④ : Tube plongeur
⑤ : Tube propulseur d'air comprimé
⑥ : Tube éjecteur de solution
⑦ : Orifice « d'amorçage »
⑧ : Tube souple
⑨ : Poignée
⑩ : Interrupteur
⑪ : Cordon secteur avec prise de terre

19. ***Précisez la fonction de cet appareil.***

Projeter une pulvérisation, sous faible pression, d'une solution soit en jet diffus de fines gouttelettes, soit en jet filiforme.

20. ***Énoncez ses actions et effets physiologiques.***

- Chimiques : différents selon les actifs de la solution : décongestionnant, tonifiants astringent, adoucissant.
- Physiques :
  - température fraîche (décongestionnant) ;
  - pression faible (stimulation de la circulation sanguine).

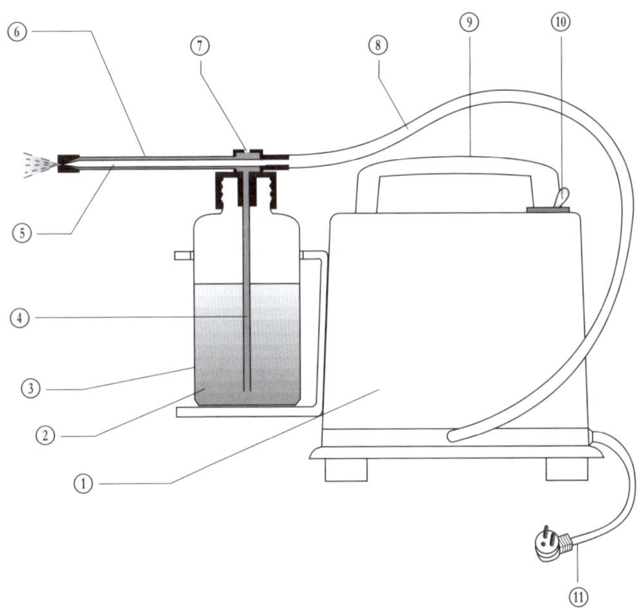

Fig. 3.5 – Pulvérisateur à compresseur.

21. ***Identifiez les principaux éléments de l'appareil représenté ci-dessous.***

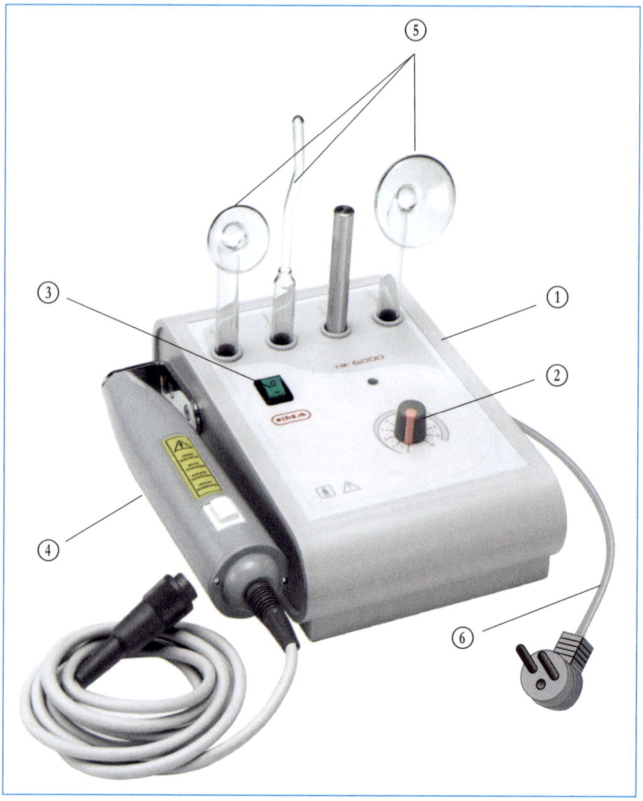

Fig. 3.6 – Appareil à électrodes de Mac Intyre.

Éléments :
① : Boitier isolant contenant un générateur
② : Potentiomètre
③ : Interrupteur
④ : Porte-électrode isolant
⑤ : Électrodes de Mac Intyre
⑥ : Cordon secteur avec prise de terre

22. ***Énoncez le principe de fonctionnement de cet appareil.***

- Générateur producteur d'un courant alternatif de haute fréquence (100 KHz et plus) de très faible intensité.
- Courant transmis à la surface cutanée par l'intermédiaire d'électrodes en verre de diverses formes dans lesquelles l'air est + ou – raréfié ou remplacé par du néon.
- Émission lumineuse produite par l'excitation du gaz : fonction du mélange gazeux (du rose au violet) + dégagement d'ozone.

- Modes d'application :
  - effluvation ;
  - étincelage direct ;
  - étincelage indirect.

23. *Identifiez les électrodes représentées ci-dessous en précisant leurs effets et indications.*

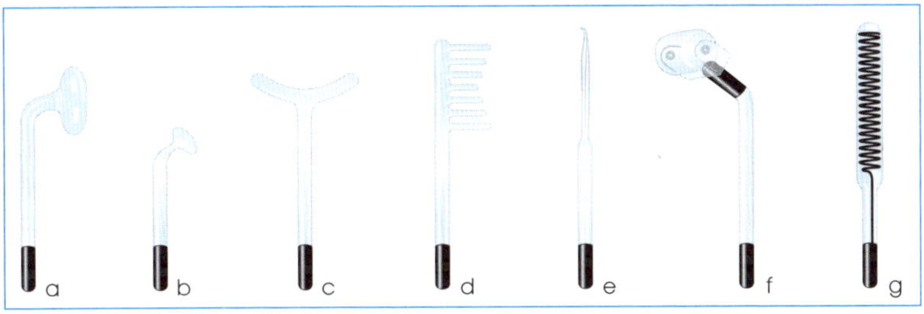

Fig. 3.7 – Électrodes.

Électrodes		Effets	Indications
a) et b)	• Champignon : visage	• Vasodilatation	• Peau sénescente
c)	• Arc : cou, nuque	• Apaisant, décongestionnant	• Peau réactive
d)	• Peigne : cuir chevelu	• Stimulant	• Améliorer irrigation et nutrition
e)	• Punctiforme	• Assainissant, cicatrisant	• Peau grasse
f)	• Rouleau : dos	• Assainissant	• Peau grasse
g)	• À saturation	• Stimulant	• Peau atone

24. *Indiquez la fonction de l'appareil représenté ci-dessous.*

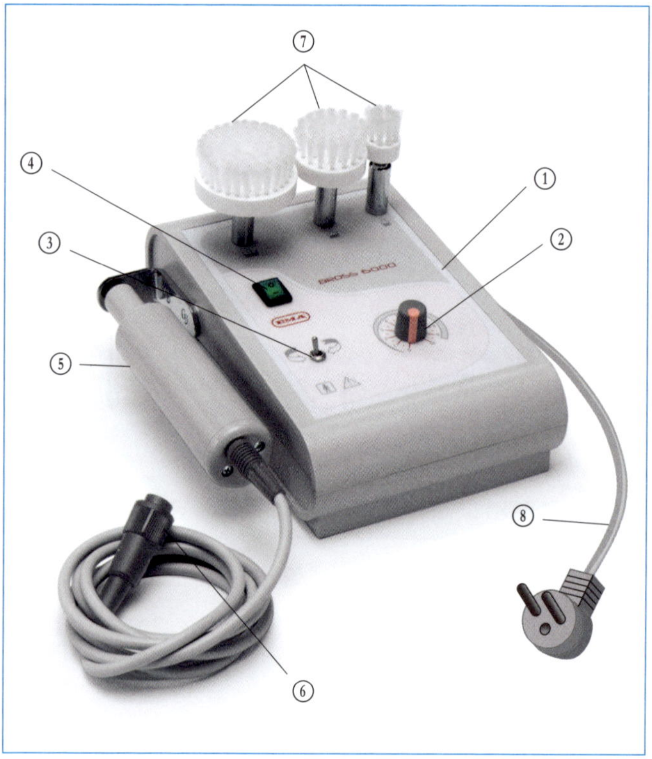

Fig. 3.8 – Appareil électromécanique rotatif.

- Fonction : appareil électrique qui exerce sur la peau une action mécanique par l'intermédiaire d'un embout rotatif.

25. *Annotez les éléments de l'appareil ci-dessus.*

① : Coffret métallique renfermant un moteur électrique produisant un mouvement rotatif à vitesse variable
② : Bouton de réglage de la vitesse
③ : Interrupteur
④ : Voyant lumineux
⑤ : Dispositif de fixation des brosses
⑥ : Dispositif de transmission du mouvement rotatif
⑦ : Brosses (de taille et de matériaux différents)
⑧ : Cordon secteur avec prise de terre

Note : des accessoires pour les soins esthétiques des ongles (fraises, polissoirs de différents modèles) fonctionnent sur le même principe.

26. *Énumérez les principales applications de l'appareil électromécanique rotatif dans les soins esthétiques.*

- Parfaire le démaquillage ou le nettoyage.
- Activer l'action du gommage et en faciliter le retrait.
- Accélérer la desquamation donc affiner la couche cornée.

27. *Citez les principales actions des ultrasons, leurs effets et leurs applications utilisées dans les soins esthétiques.*

- Action mécanique : micromassage.
- Action thermique : élévation température locale.

Effets	Applications en esthétique
• Perméabilité cellulaire augmentée	• Pénétration d'actifs cosmétiques (gels hydrosolubles)
• Métabolisme cutané activé	• Stimulation des éléments du tissu conjonctif (fibroblastes)
• Fibrolyse	• Défibrose du tissu conjonctif (assouplissement)
• Vasodilatation par action réflexe	• Microcirculation cutanée accélérée (nutrition cellulaire améliorée)

28. *Précisez la fonction de l'appareil schématisé ci-dessous.*

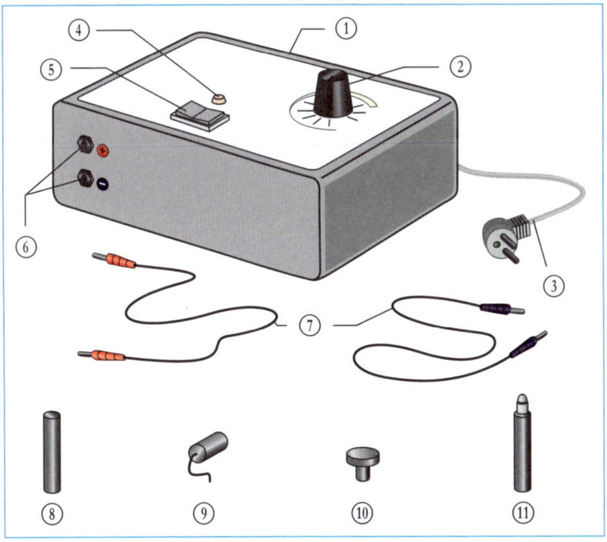

Fig. 3.9 – Appareil électrique à ionophorèse.

- Fonction : générateur d'un courant galvanique qui permet la pénétration dans la peau de substances cosmétiques **ionisables**, par l'intermédiaire d'électrodes.
- Mode d'action : physico-chimique.

29. ***Identifiez les différents organes et accessoires de l'appareil (Fig. 3.9).***

① : Coffret métallique contenant un générateur de courant continu
② : Potentiomètre permettant le réglage de l'intensité du courant
③ : Cordon secteur avec prise de terre
④ : Voyant lumineux
⑤ : Interrupteur
⑥ : Bornes de branchement des câbles
⑦ : Câbles électriques avec fiches de polarité soit positive soit négative à encastrer sur les bornes
⑧ : Électrode indifférente
⑨ : Électrode rouleau
⑩ : Électrode circulaire
⑪ : Porte-électrode

30. ***Définissez le principe de l'ionophorèse esthétique.***

Ionophorèse esthétique : pénétration au travers de la peau d'une substance « ionisable », c'est-à-dire chargée électriquement, en utilisant la propriété de transport d'ions et de pénétration cutanée du courant galvanique.

31. ***Citez les éléments de l'appareil représenté ci-dessous.***

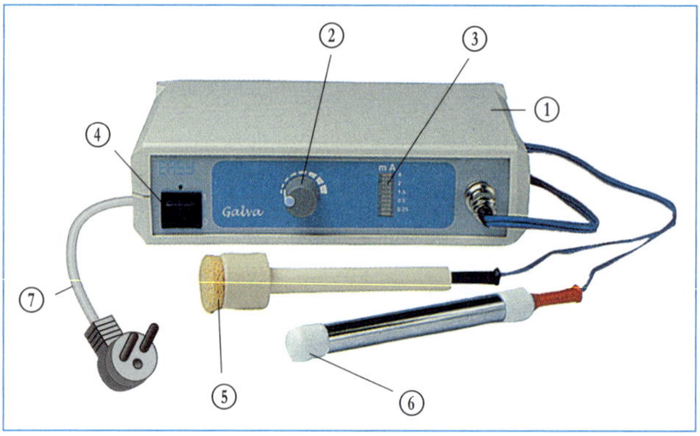

Fig. 3.10 – Appareil pour la désincrustation électrique du visage.

Éléments :
① : Boitier
② : Potentiomètre
③ : Milliampèremètre
④ : Interrupteur
⑤ : Électrode active reliée à la borne négative munie d'un tampon-éponge imbibé d'une solution salée
⑥ : Électrode indifférente reliée à la borne positive
⑦ : Cordon secteur avec prise de terre

32. *Précisez sa fonction.*

Appareil générateur de courant galvanique, qui par réaction chimique, élimine **partiellement** l'excès de sébum par neutralisation des acides gras libres.

33. *Indiquez les principales règles de sécurité.*

- Vérifier que le potentiomètre est à 0 avant de relier le sujet à l'appareil.
- Ne pas dépasser 3 milliampères.
- Maintenir en permanence le contact visage/électrode active.
- Interrompre l'arrivée du courant avant de cesser le contact.

34. *Citez les organes et les accessoires de l'appareil schématisé ci-dessous.*

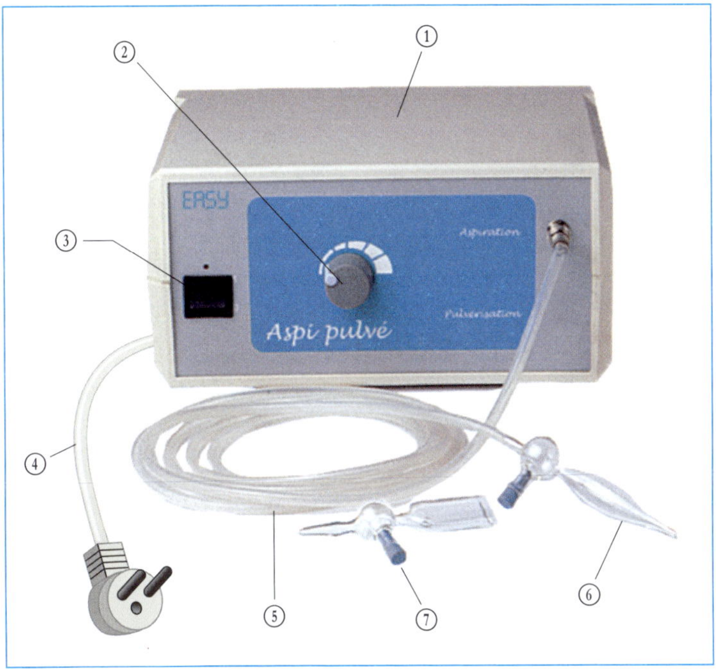

Fig. 3.11 – Appareil à dépresso-aspiration.

① : Coffret métallique contenant une pompe à vide électrique
② : Potentiomètre
③ : Interrupteur
④ : Cordon secteur avec prise de terre
⑤ : Tuyau souple sur lequel s'adapte la ventouse
⑥ : Ventouses
⑦ : Embout en caoutchouc

35. ***Indiquez les applications respectives des ventouses représentées ci-dessous.***

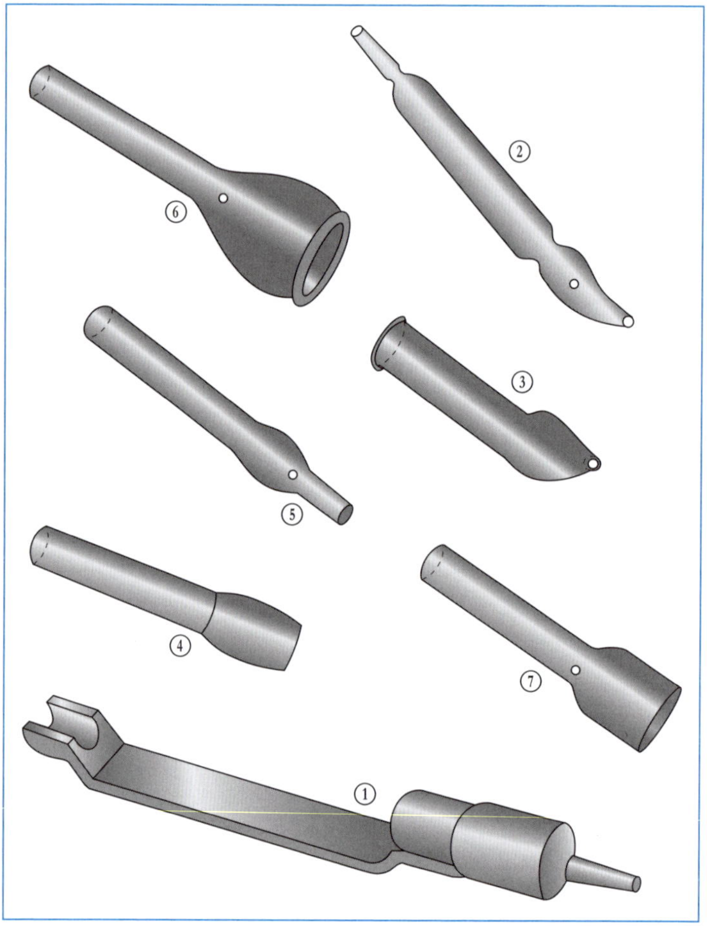

Fig. 3.12 – Ventouses.

① : Aspiration du sébum et des comédons
② : Aspiration des comédons
③ : Aspiration du sébum
④ : Stimulation cutanée et sanguine
⑤ : Assouplissement de la peau
⑥ : Stimulation cutanée
⑦ : Antirides

Appareils pour l'épilation

36. ***Énoncez les fonctions de l'appareil schématisé ci-dessous.***

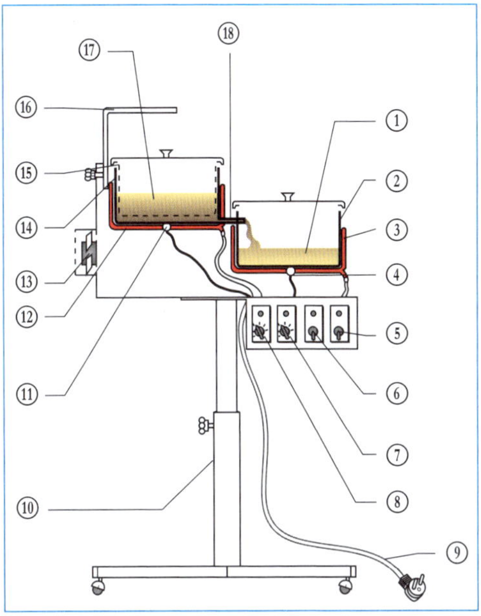

Fig. 3.13 – Appareil pour la fusion des cires recyclables.

Fonctions :

- la fusion et la fonte de la cire recyclable destinée à l'épilation ;
- le maintien de la cire à la température d'utilisation ;
- le filtrage de la cire ;
- la stérilisation de la cire utilisée.

Note : la cire est appliquée à l'aide de spatules.

37. ***Annotez le schéma.***

① : Cire d'utilisation
② : Bac d'utilisation de la cire
③ : Résistance du bac
④ : Bulbe du thermostat
⑤ : Bouton et voyant ventilateur
⑥ : Bouton et voyant marche/arrêt
⑦ : Thermostat et voyant du bac d'utilisation
⑧ : Thermostat et voyant du bac de filtrage
⑨ : Cordon secteur et prise de terre

⑩ : Pied télescopique
⑪ : Bulbe du thermostat de filtrage
⑫ : Résistance du bac filtrage
⑬ : Ventilateur
⑭ : Bac de filtrage et de fusion de la cire
⑮ : Panier de filtrage
⑯ : Support du panier de filtrage
⑰ : Cire à filtrer
⑱ : Bec d'écoulement entre les 2 bacs

38. ***Citez 4 règles de sécurité à respecter lors de l'utilisation de cet appareil.***

- Vérifier que les parties du corps concernées par l'épilation ne présentent aucune lésion (varices, plaies, dermatoses).
- Vérifier le bon état du branchement électrique.
- Vérifier le réglage des thermostats.
- Tester la température de la cire avant la première application.

39. ***Indiquez les noms et les fonctions des éléments de l'appareil que montre la figure 3.14.***

Nom des éléments	Fonction
① : Bac de fonte	recevoir la charge de cire
② : Poignée	permettre la préhension de l'appareil
③ : Collerette de propreté	protéger des salissures
④ : Carrosserie métallique	protéger le bac de fonte
⑤ : Interrupteur/thermostat	régler la température de fonte et d'utilisation de la cire
⑥ : Voyants de contrôle	visualiser le raccordement de l'appareil au secteur
⑦ : Cordon secteur	relier l'appareil au secteur électrique
⑧ : Couvercle de protection	protège le contenu de l'appareil

40. ***Énoncez 5 règles d'hygiène et de sécurité à respecter lors de l'utilisation de l'appareil.***

- Vérifier la stabilité de l'appareil et son éloignement d'un point d'eau.
- Manipuler l'appareil, le cordon secteur électrique, les mains étant sèches.
- Tester la température de la cire (sur soi, puis sur le sujet) avant l'application.
- Débrancher et laisser l'appareil refroidir avant de le nettoyer.
- Nettoyer régulièrement l'appareil avec un solvant spécifique dans un endroit aéré.

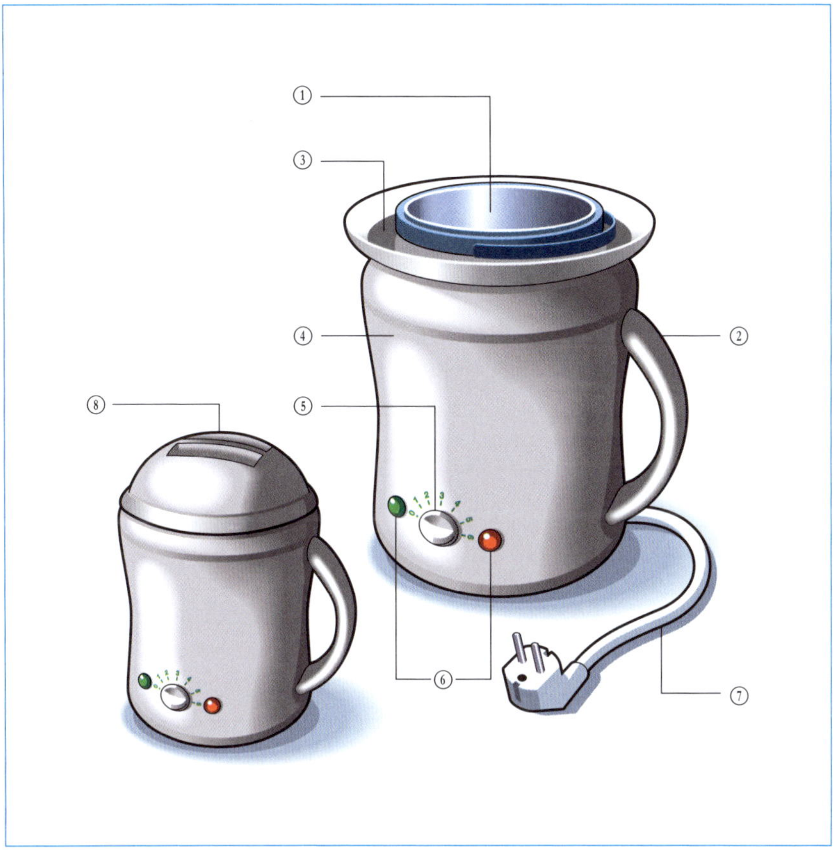

Fig. 3.14 – Appareil pour la fusion des cires jetables.

Appareil pour l'hygiène

41. ***Précisez la fonction d'un stérilisateur à froid et ses éléments composants.***

- Fonction : décontaminer le matériel (utilisé lors des pratiques esthétiques) des micro-organismes pathogènes.
- Éléments :
  - un bac de trempage décontaminant ;
  - un panier de trempage ;
  - un couvercle ;
  - des produits désinfectants et antiseptiques.
- Accessoires : gants à usage unique + lunettes.

Appareil pour le bronzage

42. ***Précisez la législation relative à la formation du personnel utilisant les appareils de bronzage à UV.***

- Arrêté du 10 septembre 1997 modifié par l'arrêté du 5 février 2007 : posséder une attestation de formation et de succès au contrôle de connaissances concernant l'utilisation des appareils de bronzage à UV mis à la disposition du public.
- Sont fixés : le programme, la durée de l'enseignement, les enseignants, le contrôle des connaissances.

43. ***Décrivez l'appareillage nécessaire à la pulvérisation de lotion autobronzante.***

- Deux types :
  - aérographe : pistolet + moteur (compresseur d'air) + lotion autobronzante ;
  - cabine automatisée (équipée de buses projetant la solution) + compresseur.
- Temps d'application : quelques secondes.
- Résultat : couleur 5 à 6 heures après application.
- Durée : 1 semaine (maximum).

Instruments utilisés dans les techniques esthétiques

44. ***Légendez l'instrument représenté ci-dessous.***

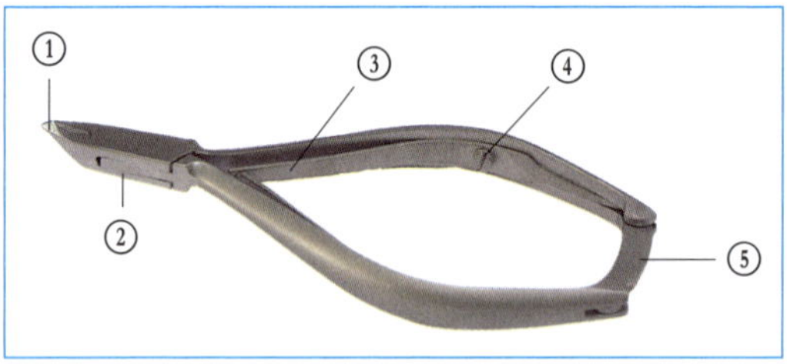

Fig. 3.15 – Pince à envies.

① : Mors
② : Entablure
③ : Ressort
④ : Bras (anses)
⑤ : Fermoir de sécurité

45. *Indiquez la fonction, le matériau et les précautions d'utilisation liés à cet instrument.*

Fonction	Matériau	Précautions d'utilisation
• Couper les expansions de la couche cornée des cuticules dites « envies »	• Acier inoxydable	• Point d'appui pour la main (stabilité) • Pince sur la paume • Pouce sur l'entablure • Mors à peine ouverts • Désinfecter avant et après usage

46. *Légendez l'instrument représenté ci-dessous.*

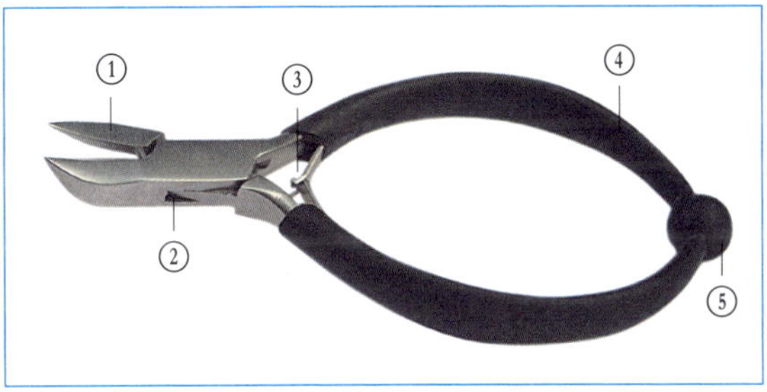

① : Mors
② : Entablure
③ : Ressort
④ : Bras
⑤ : Fermoir de sécurité

Fig. 3.16 – Pince à ongles.

47. *Indiquez la fonction, le matériau et les précautions d'utilisation de la pince à ongles.*

Fonction	Matériau	Précautions d'utilisation
• Couper le bord libre de l'ongle selon la longueur désirée	• Acier inoxydable	• Tenir la pince d'une main ; de l'autre maintenir l'ongle en faisant un écran avec les doigts afin d'éviter la projection de débris d'ongles vers les yeux • Désinfecter avant et après usage

48. *Légendez l'instrument représenté ci-dessous.*

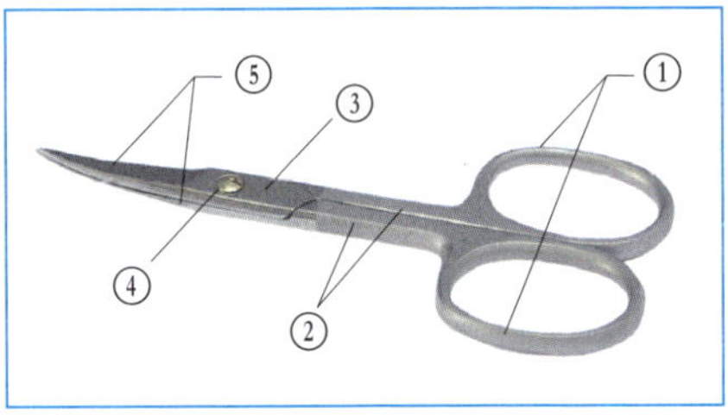

① : Anneaux
② : Branches
③ : Entablure
④ : Vis de serrage
⑤ : Lames tranchantes

Fig. 3.17 – Ciseaux.

49. *Précisez la fonction, la forme, le matériau et l'entretien des instruments ci-dessous.*

Dénomination	Fonction	Forme	Matériau	Entretien / Hygiène
Éponges	• Maquiller • Démaquiller • Nettoyer • Exfolier	• Ronde • Ovale • Rectangulaire • Triangulaire • Losangique • En biseau • En lamelle	• Éponge naturelle de mer • Latex naturel • Latex synthétique • Cellulose • Fibres de nylon • Crin végétal	• Lavage tiède + détergent, • Rinçage • Séchage
Houppettes	• Appliquer une poudre libre	• Ronde	• Mousse, velours, coton, cygne	• Lavage à l'eau tiède • Rinçage • Séchage
Tire-comédons	• Extraire les comédons	• Tige : une extrémité pointue, l'autre percée d'un trou	• Acier inoxydable	• Désinfection avant et après usage
Pinces à épiler	• Arracher les poils (un par un) • Poser les faux cils	• Mors droit, • Mors en biais • Mots crabe	• Acier inoxydable, • Acier forgé	• Désinfection avant et après usage
Ciseaux	• Couper : « envies », ongles, objets multiples	• Différente selon utilisation, • Avec bouts pointus ou arrondis	• Acier inoxydable, • Matière plastique	• Désinfection avant et après utilisation
Brosses	• Nettoyer visage, corps et ongles • Lisser sourcils	• Variée selon utilisation	• Poils : soie, nylon, mousse, latex, sanglier • Manche : plexiglas, plastique, bois	• Nettoyage avec détergent • Séchage
Spatules	• Étaler, prélever des produits divers (crème, masque, cire)	• Rectangulaire • Cuillère • *etc.*	• Bois (oranger, buis, *etc.*) • Matière plastique	• Désinfection avant et après utilisation

50. *Précisez la fonction, la forme, le matériau et l'entretien des instruments ci-dessous.*

Dénomination	Fonction	Forme	Matériau	Entretien / Hygiène
Limes	• Raccourcir, égaliser, façonner les ongles	• Allongée	• Divers : émeri, acier, verre dépoli, céramique, à saphir	• Différents matériaux
Bâtonnets	• Maquillage • Démaquillage • Manucurie	• Très fine • 2 extrémités : pointue, arrondie ou carrée	• Bois (buis, oranger, cytise)	• Changer le coton après utilisation sur l'embout
Pierres ponces	• Poncer les hyperkératoses (callosités) des pieds, des doigts	• Variée	• Roche volcanique • Inox • Céramique, • Synthétique	• Lavage avant et après utilisation
Polissoirs	• Polir les ongles	• Variée (poignée + surface lisse)	• Caoutchouc, peau de chamois	• Lavage (si possibilité)
Repousse cuticules	• Repousser les cuticules	• Tige surmontée d'un embout	• Bois + caoutchouc, • Acier • Pierre volcanique	• Lavage ou désinfection avant et après utilisation

51. *Décrivez les différentes parties du pinceau représenté.*

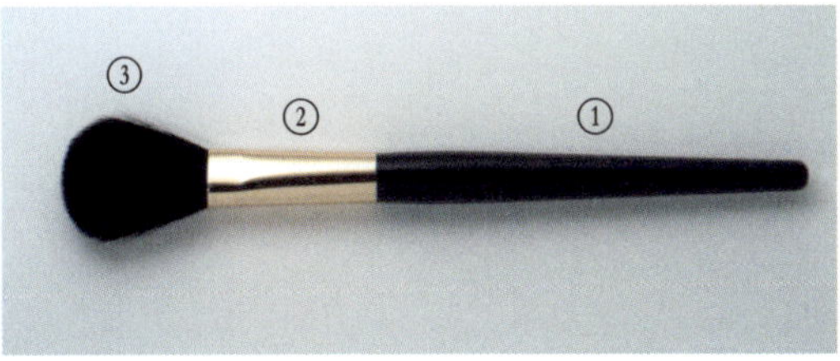

Fig. 3.18 – Pinceau Léonard.

① : Manche
② : Virole
③ : Poils en touffe

52. ***Indiquez les origines des poils des pinceaux.***

- Poney, martre, chèvre, loutre, blaireau, soie : doux.
- Porc : moyennement dur.
- Sanglier : dur.

53. ***Indiquez l'application correspondant à chacun des pinceaux représentés ici et la méthode d'entretien.***

①

②
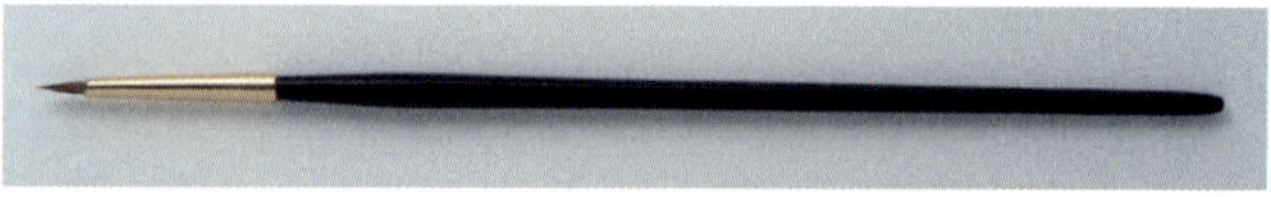

③
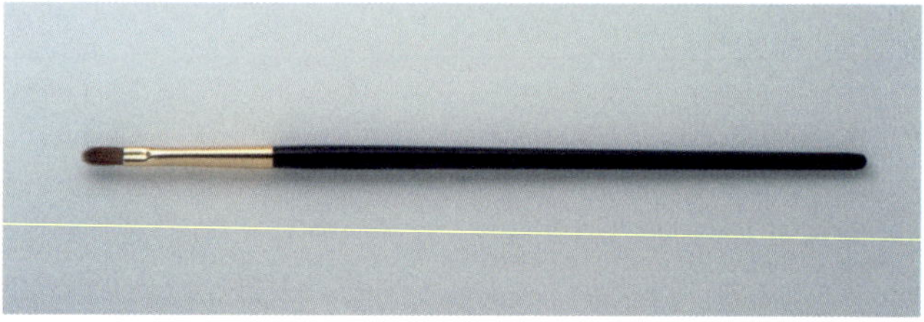

④
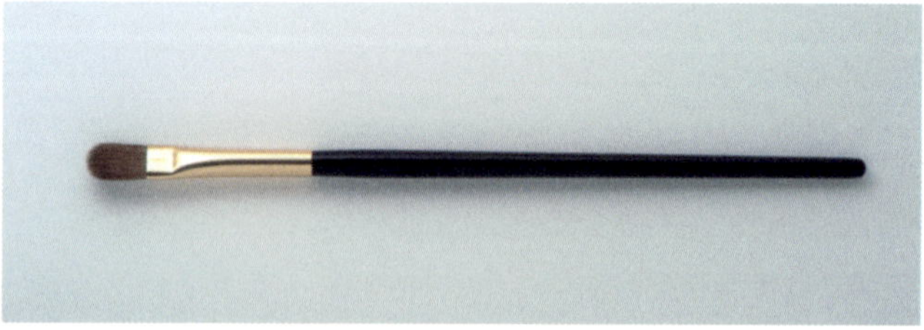

⇨

Fig. 3.19 – Pinceaux Léonard.

- Application des pinceaux :

① : Soins du corps
② : Contour des yeux (eye-liner)
③ : Lèvres
④ : Paupières
⑤ : Estompe (applicateur en mousse)
⑥ : Blush
⑦ : Masque

- Entretien : lavage eau tiède savonneuse, rinçage, séchage à plat.

PARTIE 4

Cosmétologie

1
Législation des produits cosmétiques

1. ***Définissez un produit cosmétique et un produit d'hygiène corporelle.***

- « Un produit cosmétique est une substance ou préparation destinée à être mise en contact avec les diverses parties superficielles du corps humain, notamment l'épiderme, les systèmes pileux et capillaires, les ongles, les lèvres et les organes génitaux externes, ou avec les dents et les muqueuses buccales, en vue exclusivement de les nettoyer, de les parfumer, d'en modifier l'aspect, de les protéger, de les maintenir en bon état ou de corriger les odeurs corporelles ».
- Le produit d'hygiène corporelle fait partie des produits cosmétiques.

2. ***Définissez ce qu'est un médicament.***

Un médicament est destiné à prévenir, soigner ou diagnostiquer des maladies.

3. ***Donnez des exemples de produits figurant dans la liste des différentes catégories de produits cosmétiques.***

- Savons de toilette, préparations pour le bain et la douche.
- Déodorants et antisudoraux, dépilatoires.
- Produits de maquillage et de démaquillage.
- Produits antirides.
- Produits solaires.
- Parfums, produits capillaires, *etc.*

4. ***Précisez les obligations de déclaration des établissements fabriquant des produits cosmétiques.***

Obligation de déclarer l'ouverture et l'exploitation auprès de l'**AFSSAPS** et de la **DGCCRF**.

5. ***Citez les principales qualifications des personnes responsables.***

Les principales qualifications des responsables sont les diplômes de docteur en médecine, en chirurgie dentaire, de pharmacien, de vétérinaire, *etc.*

6. ***Donnez les principales informations obligatoires constitutives du dossier de mise sur le marché d'un produit cosmétique.***

Ce dossier doit comprendre :

- la formule intégrale du produit ;
- la description des conditions de fabrication et de contrôles, physico-chimiques, bactériologiques, de tolérance et d'efficacité.

7. ***Définissez la formule intégrale du produit cosmétique.***

Elle comprend :

- la formule qualitative ;
- la formule quantitative ;
- la formule intégrale est transmise aux centres antipoison de Paris, Lyon, Marseille, afin de traiter les éventuelles intoxications.

8. ***Citez les principaux tests et contrôles et leurs objectifs.***

- **Contrôles physico-chimiques** pour vérifier par exemple le type d'émulsion, la viscosité du vernis à ongles, *etc.*
- **Contrôles microbiologiques** pour vérifier la propreté bactériologique d'un produit fini.
- **Contrôle de toxicité transcutanée** pour éviter l'irritation, l'allergie de contact, *etc.*
- **Contrôle de l'effet revendiqué** pour mesurer l'hydratation, l'action des produits antiséborrhéiques, *etc.*

9. ***Énumérez les catégories de substances réglementées et donner des exemples.***

- **Liste des substances interdites** (liste négative) comme les antibiotiques, les œstrogènes, les androgènes, *etc.*
- **Liste des substances soumises à restriction avec étiquetage particulier** (liste restrictive) comme l'acide borique, le talc, l'ammoniaque…
- **Listes des substances autorisées** (liste positive) :
  - liste des colorants caractérisés par CI suivi d'un numéro à 5 chiffres ;
  - liste des conservateurs comme certains parabens (parabènes) ;
  - liste des filtres solaires.

10. ***Précisez les mentions obligatoires d'étiquetage devant figurer sur le récipient, l'emballage, la notice.***

- Le nom ou la raison sociale et l'adresse du fabricant.
- L'indication des pays d'origine pour les produits fabriqués dans les pays non membres de l'Union européenne.
- Le contenu indiqué en masse ou en volume.
- La liste des ingrédients contenus dans le produit sous leur dénomination INCI.
- La date de durabilité minimale si elle n'excède pas 30 mois.
- Indication de la PAO si la conservation est > 30 mois.
- Les précautions particulières d'emploi.
- Les substances allergènes.
- Le numéro du lot de fabrication.
- La fonction du produit.

11. ***Justifiez l'ordre des ingrédients mentionnés sur l'emballage.***

- Les ingrédients composant le produit sont indiqués par ordre décroissant de leur concentration.
- Si leur concentration est < 1%, ils peuvent être cités dans le désordre.

- Les ingrédients sont inscrits sous leur dénomination INCI :
  - en latin pour les végétaux ;
  - en anglais pour les autres molécules.

12. ***Indiquez la signification des différents symboles pouvant figurer sur l'emballage, le récipient ou la notice.***

- **Un livre ouvert**, signifie que la liste des ingrédients et les précautions d'emploi se trouvent dans une notice jointe.
- **Un petit pot** ouvert avec un chiffre en mois indique la PAO (période de validité après ouverture).

13. ***Définissez l'objectif du 7e amendement de la directive 76/768 de la réglementation européenne.***

Elle vise essentiellement à renforcer la sécurité des produits cosmétiques, donc la protection du consommateur :

- elle demande l'indication de la période de validité après ouverture (PAO) ;
- elle crée le système de cosmétovigilance ;
- elle définit des substances allergènes ;
- elle interdit l'expérimentation animale.

14. ***Précisez la durée de conservation des récipients ouverts ou fermés.***

- **La date de péremption** doit être indiquée si le produit a une durée de conservation < 30 mois.
- **La PAO (période de validité après ouverture)** est indiquée si le produit a une durée de conservation > 30 mois.

15. ***Définissez la cosmétovigilance.***

- Ensemble des moyens permettant la surveillance des effets indésirables résultant de l'utilisation des produits cosmétiques après leur mise sur le marché, dans des conditions normales d'emploi.
- Les professionnels de santé sont tenus de déclarer auprès de l'AFSSAPS les effets indésirables graves constatés.

16. ***Définissez les substances allergènes.***

- Les substances allergènes sont des substances capables de provoquer des réactions allergiques, comme les constituants des parfums, des teintures capillaires, des conservateurs, *etc.*
- Une liste de certaines substances parfumantes (26), d'origine naturelle ou synthétique, est établie.
- Elles doivent être mentionnées précisément sur l'étiquetage.

17. ***Indiquez la réglementation concernant les tests sur les animaux.***

- Les tests sur les ingrédients et les produits finis sont en principe interdits mais une certaine tolérance est autorisée.
- Les méthodes alternatives se mettent en place comme, notamment, les cultures cellulaires de kératinocytes et de fibroblastes permettant ainsi d'éviter une souffrance animale inutile.

2
Composants des produits cosmétiques

Composants lipophiles

18. ***Définissez les hydrocarbures, leur origine et leurs propriétés cosmétiques.***

Les hydrocarbures sont des molécules de carbone et d'hydrogène d'origine minérale, végétale et animale.

- **Les hydrocarbures minéraux**
  - Origine : distillation du pétrole.
  - Ce sont :
    - ✓ les huiles minérales (huiles de paraffine, huiles de vaseline, paraffines liquides : liquides visqueux) ;
    - ✓ la vaseline : consistance onctueuse et translucide ;
    - ✓ la paraffine : consistance solide.
  - Utilisation en cosmétique :
    - ✓ démaquillants, crèmes protectrices, antidéshydratantes ;
    - ✓ la paraffine est également utilisée dans les enveloppements du corps, des mains, des pieds.
- **Les hydrocarbures animaux**
  - Origine : graisse des animaux marins.
  - Le squalène est transformé chimiquement en squalane ou perhydrosqualène, moins oxydable.

  Liquide huileux utilisé comme surgraissant dans les émulsions grasses.
- **Les hydrocarbures végétaux**
  - Origine : huile d'olive.
  - Le phytosqualane est émollient et hydratant.

19. ***Définissez et citez les différents types de silicones et leur utilisation.***

- Les silicones sont des polymères synthétiques à base de silicium aux propriétés filmogènes et hydrophobes.
- Il en existe deux sortes :
  - **diméthicone et phénylméthicone** : huiles silicones présentes dans certaines émulsions au toucher glissant ;
  - **cyclométhicone** : silicone volatil présent dans les produits de maquillage (« waterproof ») et les après-shampoings.

20. *Citez des acides gras, donnez leurs origine, propriétés et emploi.*

- Ce sont les composants des lipides.
- Caractéristiques :
  - les acides gras saturés sont solides ;
  - les acides gras insaturés sont liquides.

Types	Origine	Propriétés / Emploi
Acides gras saturés		
• Acide myristique	• Beurre de coprah	• Épaississants
• Acide palmitique	• Huile de palme	
• Acide stéarique	• Suif	
Acides gras insaturés		
• Acide oléique	• Huile d'arachide	• Ingrédients actifs dans les crèmes régénérantes
• Acide linoléique	• Huile d'argan	
• Acide linolénique	• Huile d'onagre	

21. *Citez des alcools gras, donnez leurs origine, propriétés et emploi.*

- Origine : les huiles végétales et les graisses animales.
- Caractéristiques :
  - les alcools gras saturés sont solides ;
  - les alcools gras insaturés sont liquides.

Types	Propriétés	Emploi
Alcools gras saturés		
• Alcool cétylique	• Épaississantes	• Occlusifs et antidéshydratants
• Alcool stéarylique		
• Alcool cétostéarylique		
Alcools gras insaturés		
• Alcool oléique		• Solvant

22. *Citez des esters gras synthétiques, donnez leurs origine, propriétés et emploi.*

- Origine : synthétique résultant de l'action d'un acide gras sur un alcool.
- Exemples :
  - **palmitate d'isopropyle** ;
  - **myristate d'isopropyle**.
- Caractéristiques : liquides huileux.
- Propriétés et emploi : surgraissants, émollients, filmogènes.

23. ***Définissez et citez des triglycérides, en donnant leurs origine, propriétés et emploi.***

Esters triples d'acides gras et de glycérol, composants des huiles, végétales, animales, synthétiques et des beurres.

Huiles végétales	Origine	Emploi
• Abricot	• Noyau	• Émollient
• Amandes douces	• Amande	• Adoucissant
• Argan	• Graines	• Actif régénérant
• Avocat	• Fruits	• Adoucissant et protecteur
• Germes de blé	• Germes	• Actif régénérant
• Palme	• Fruit du palmier-dattier	• Épaississant
• Palmiste	• Noyau des dattes	• Savons
• Pépins de raisin	• Raisin	• Adoucissant
• Ricin	• Graines	• Rouges à lèvres

- **Huiles animales** : ce sont des huiles de foie de poisson (morue, flétan, requin, *etc.*) qui sont très vitaminées et protectrices.
- **Huiles synthétiques** :
  - triglycérides fabriqués par synthèse, donnant des huiles qui ne s'oxydent pas donc de bonne conservation ;
  - les triglycérides caprylique-caprique ou Miglyol sont très utilisés.
- **Beurres** : triglycérides d'origine végétale, composés d'acides gras saturés et insaturés, de consistance pâteuse.

Beurres	Origine	Propriétés / Emploi
• Beurre de karité	• Fruit	• Protecteur solaire et régénérant
• Beurre de coprah (huile de coco) devient liquide à partir de 27 °C	• Noix de coco	• Crèmes à raser et savonnerie
• Beurre de cacao	• Fève	• Sticks adoucissants pour les lèvres

24. ***Définissez et citez des cires, en donnant leurs origine, propriétés et emploi.***

Substances solides, lipophiles, constituées d'un mélange d'hydrocarbures, d'esters d'acides gras et d'alcools gras.

Cires	Propriétés	Utilisation
Cires animales		
• Cire d'abeilles		
– Cire jaune		• Cire à épiler
– Cire blanche	• Épaississante	• Émulsions
• Cire de propolis (abeilles)	• Régénérante et antiseptique	• Stick pour les lèvres
• Lanoline (suint de mouton)	• Surgraissante	• Produits pour peaux sèches
Cires végétales		
• Cire de carnauba (palmier du Brésil)	• Solide et occlusive	• Épaississant dans les rouges à lèvres
• Cire de candelilla (arbuste du Mexique)		
• Cire de riz (enveloppe du grain)		
• Cire de mimosa (fleurs)		

25. ***Définissez et citez des dérivés de la lanoline, en donnant leurs propriétés et emploi.***

Ils proviennent de la transformation physique ou chimique de la lanoline.

Produits	Propriétés	Utilisation
• Lanoline liquide	• Surgraissante	• Émulsions
• Lanoline cireuse	• Épaississante	• Rouge à lèvres, sticks
• Lanoline hydrolysée	• Surgraissante	• Émulsions
• Lanoline éthoxylée	• Hydrosoluble	

Composants hydrophiles

26. ***Donnez les caractéristiques, requises en cosmétologie, de l'eau ainsi que ses différents traitements et ses résultats.***

- L'eau est très utilisée en cosmétique comme solvant, comme composant de la phase aqueuse des émulsions et comme hydratant.
- On la trouve dans les lotions, émulsions, gels, shampoings, *etc.*
- **Elle doit être déminéralisée et sans micro-organismes.**

Traitements de l'eau	Moyens utilisés	Qualités de l'eau
• Déminéralisation : 2 méthodes	• Passage sur des résines échangeuses d'ions	• Sels éliminés • Eau non stérile
	• Osmose inverse	• Eau déminéralisée et bactériologiquement propre
• Stérilisation : 2 méthodes	• Distillation • Filtration stérilisante	• Eau déminéralisée et stérile
• Adoucissement	• Calcium remplacé par du sodium	• Eau adoucie

27. ***Définissez et donnez les rôles des solvants en citant des exemples.***

- Un solvant est un liquide qui a la propriété de dissoudre, diluer ou extraire d'autres substances.
  - Les solutions alcooliques sont des mélanges d'alcool et d'eau.
  - Le degré alcoolique représente le volume d'alcool contenu dans 100 volumes du mélange.
- Exemples de solvants :
  - **éthanol (alcool éthylique)** : liquide incolore, miscible à l'eau, volatil, utilisé comme conservateur, astringent, antiseptique, diluant des parfums ;
  - **isopropanol (alcool isopropylique)** : liquide incolore, miscible à l'eau, volatil, utilisé comme solvant ;
  - **éthylène glycol** : liquide utilisé comme solvant ;
  - **propylène glycol** : liquide utilisé comme solvant des extraits végétaux et humectant.

28. ***Définissez et citez des humectants en indiquant leur rôle.***

- Les humectants sont des substances hygroscopiques, c'est à dire capables de fixer des molécules d'eau :
  - **le propylène glycol** est humectant ;
  - **le glycérol (glycérine) et le sorbitol**, ont des propriétés humectantes et hydratantes.

29. ***Définissez et citez des épaississants et des gélifiants, en indiquant leurs propriétés et emploi.***

Ce sont des macromolécules d'origine naturelle, semi-synthétique et synthétique qui peuvent former des gels et qui peuvent adapter la viscosité finale du produit.

- **Origine végétale** : alginates, carraghénates, pectines de fruits, gomme de caroube, gomme de guar, gomme arabique : épaississants des shampoings, des dentifrices, stabilisateurs d'émulsion, gélifiants.
- **Origine minérale** :
  - silice colloïdale : gélifiant dans les dentifrices, déodorants ;
  - silicate double d'aluminium et de magnésium (Veegum) : épaississant dans les produits de maquillage ;
  - argiles naturelles (montmorillonite, bentonite) : épaississant dans les masques.
- **Origine semi-synthétique** :
  - gomme xanthane : épaississant d'émulsions, de shampoings et gélifiant dans les masques, gels capillaires ;
  - dérivés de la cellulose : mêmes utilisations.
- **Origine synthétique** : carbomères (carbopols) avec les mêmes utilisations que les produits semi-synthétiques.

Les tensioactifs

30. ***Définissez les tensioactifs.***

- Ce sont des molécules formées d'une partie hydrophile (affinité pour l'eau) et d'une partie lipophile (affinité pour les lipides).
- Ce sont des molécules amphiphiles puisqu'elles ont cette double affinité.

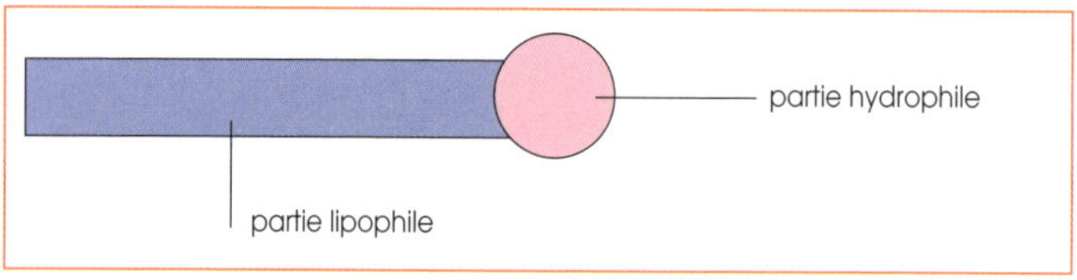

Fig. 4.1 – Schéma d'un tensioactif.

31. *Énoncez les propriétés des tensioactifs.*

Chaque tensioactif possède certaines des propriétés suivantes :

Détergentes	• Ils facilitent l'élimination des salissures
Moussantes	• Ils permettent la formation de mousse
Mouillantes	• Ils permettent l'étalement d'un liquide
Émulsionnantes	• Ils permettent de mélanger 2 liquides non miscibles comme l'eau et l'huile
Solubilisantes	• Ils s'associent pour former des micelles qui permettent la solubilisation
Antiseptiques	• Ils agissent sur la membrane des germes

32. *Énoncez les différents types de tensioactifs.*

On les classe suivant leur origine et leur charge électrique.

Origine	Emploi
Origine naturelle	
• Lécithines (jaune d'œuf, soja)	• Émulsionnants, liposomes
• Cholestérol (animaux)	• Liposomes
• Saponines (origine végétale)	• Shampoings
Origine synthétique	
• Tensioactifs ioniques : la partie hydrophile porte une charge positive, négative ou les deux	
– Tensioactifs anioniques (charge négative) : ✓ savons de sodium et potassium, laurylsulfate de sodium ✓ ce sont des détergents et des moussants	• Shampoings, savons
– Tensioactifs cationiques (charge positive) : ✓ sels d'ammonium quaternaire ✓ ils ont une affinité pour la peau et les cheveux ✓ ce sont des antiseptiques	• Conditionneurs capillaires
– Tensioactifs amphotères (charge positive et négative) : ✓ ils changent de charge en fonction du pH ✓ les dérivés de la bétaïne ✓ ce sont de bons nettoyants	• Shampoings, démaquillants
• Tensioactifs non ioniques (aucune charge) : – les esters de glycols de saccharose – ce sont des tensioactifs doux	• Émulsionnants, solubilisants • Shampoings non moussants, doux

33. ***Définissez et citez des ingrédients actifs, en donnant leurs propriétés et origine.***

Ce sont des substances d'origine naturelle ou synthétique choisies pour leur action spécifique notamment sur les différents types de peau ou sur les différents problèmes cutanés.

Ingrédients actifs	Origine
Anti-âge	
• Vitamine A (rétinol)	• Synthétique
• Vitamine C (acide ascorbique)	
• Alphahydroxyacides (AHA)	
• Coenzyme Q10	
• Oligoéléments : sélénium, zinc	
• Acide salicylique	
• Collagène	• Animale
• Élastine	
• Chitosane	
• Gelée royale	
• Centella asiatica	• Végétale
• Thé vert	
• Insaponifiables (avocat, soja, karité)	
• Resvératrol (raisin)	
• Isoflavones (soja, igname, houblon)	
Hydratants	
• Acide lactique, lactates	• Synthétique
• Pyrrolidone carboxylate de sodium	
• Urée	
• Sucres (tréhalose, xylose, *etc.*)	
• Glycérol	
• Sorbitol	
• Acide hyaluronique	• Biotechnologie

⇨

⇨

• Acides aminés	• Végétale
• Acides gras polyinsaturés (AGPI)	
• Céramides	• Animale / Végétale / Synthétique
Apaisants	
• Acide glycyrrhétinique du réglisse	• Végétale
• Allantoïne de la grande consoude	
• Anthocyanes du bleuet	
Séborégulateurs	
• Zinc	• Synthétique
• Vitamines B2, B6, B8	
• Argiles	• Minérale
• Ulmaire ou reine des près	• Végétale
• Huile de Melaleuca	
Dépigmentants	
• Acide kojique	• Fermentaire
• Arbutine	• Végétale
• Glabridine	
• Vitamine C	• Synthétique
• Acide azélaïque	
Amincissants	
• Caféine	• Végétale ou synthétique
• Carnitine	• Synthétique
• Forskoline	• Végétale
• Fucus	
• Garcinia cambodgia	
• Guarana	
• Lierre	
• Thé vert	

Les substances pulvérulentes

34. ***Donnez des exemples de substances pulvérulentes. Précisez leur origine, propriétés et emploi.***

Produits	Origine	Propriétés / Emploi
• Talc (silicate de magnésium)	• Minérale	• Adoucissant, glissant, absorbe les corps gras • Poudres libres, compactes, masques, fonds de teint
• Argiles (silicates d'aluminium mélangés à d'autres métaux) : – argile rouge – argile verte – kaolin – bentonite		• Épaississants et absorbants des corps gras • Masques, shampoings, poudres, fonds de teint
• Oxyde de titane		• Opacifiant et écran solaire • Produits de maquillage, produits solaires
• Oxyde de zinc		• Antiseptique, adoucissant, opacifiant • Fonds de teint, vernis à ongles, produits solaires
• Oxydes de fer, de chrome, de cobalt		• Pigments colorés dans les produits de maquillage
• Carbonate de magnésium		• Fonds de teint, poudres
• Carbonate de calcium		• Poudres, dentifrices, produits solaires

Les additifs

35. ***Indiquez les propriétés des conservateurs antimicrobiens, les vecteurs de contamination, les conditions d'utilisation et citez des exemples de conservateurs.***

Ils protègent les produits cosmétiques des contaminations microbiennes.

- **Propriétés** :
  - bactériostatiques : empêchent le développement des bactéries ;
  - bactéricides : tuent les bactéries ;
  - fongistatiques : empêchent le développement des moisissures ;

– fongicides : suppriment les moisissures.

- **Vecteurs de contamination microbienne des produits cosmétiques** :
  – le personnel de fabrication ;
  – les matières premières ;
  – les locaux ;
  – le matériel de conditionnement.
- **Conditions d'utilisation** : la directive cosmétique européenne (Annexe VI) et la législation française fixent :
  – la liste des agents conservateurs autorisés ;
  – leur concentration maximale autorisée ;
  – leur limitation et les conditions d'emploi.
- **Principaux conservateurs antimicrobiens** :
  – l'acide sorbique : activité fongicide ;
  – l'acide déhydroacétique : activité fongicide ;
  – les parabens : activité fongicide et bactéricide ;
  – la chlorhexidine : activité fongicide et bactéricide ;
  – l'éthanol : activité fongicide et bactéricide ;
  – l'acide salicylique : activité fongicide et bactéricide.

36. ***Indiquez les propriétés des antioxydants, les facteurs favorisant l'oxydation et les principaux antioxydants.***

- **Propriétés** : ils empêchent l'oxydation, c'est-à-dire le rancissement des produits cosmétiques, notamment ceux qui contiennent des lipides.
- **Facteurs favorisant l'oxydation** :
  – présence de corps gras insaturés ;
  – lumière et chaleur ;
  – présence d'air dans les conditionnements.
- **Principaux antioxydants** :
  – origine naturelle :
    ✓ la vitamine E (tocophérol),
    ✓ la vitamine C (acide ascorbique) ;
  – origine synthétique :
    ✓ le BHT (butylhydroxytoluène),
    ✓ le BHA (butylhydroxyanisole),
    ✓ les gallates.

37. ***Indiquez les propriétés des colorants, leurs différentes origines, leur législation et étiquetage, leurs différentes catégories et utilisation.***

La molécule colorante est composée d'atomes qui absorbent une partie de la lumière visible, ce sont « les chromophores », et d'atomes qui fixent la couleur, ce sont « les auxochromes ».

- **Propriétés** : ils se fixent sur un support et le colorent.
- **Différentes origines** :
  – **origine végétale** :
    ✓ l'indigo (feuilles de l'indigotier) colorant bleu,

✓ les caroténoïdes (carotte) colorants oranges,
✓ le rouge de betterave (betterave rouge) colorant rouge ;

- **origine animale** : le carmin (insecte, la cochenille), colorant rouge, utilisé dans les rouges à lèvres et les fards à joues ;
- **origine minérale** (les pigments) :
  ✓ Les oxydes de fer, colorants bruns, rouges et jaunes,
  ✓ L'oxyde de chrome, colorant vert,
  ✓ Les oxydes de titane et de zinc, colorants blancs ;
- **origine synthétique** : ils sont de formules chimiques différentes et sont regroupés et catalogués dans le *Color Index* (CI). Dans la formulation, on les caractérise par les 2 lettres CI, suivi d'un numéro à 5 chiffres :
  ✓ les colorants azoïques, variétés de rouges et de jaunes,
  ✓ les fluorescéines, variétés de jaunes, rouges, violets,
  ✓ les dérivés du triphénylméthane, variétés de verts et bruns.

• **Législation et étiquetage** :
- il existe 4 listes de colorants autorisés dans l'Annexe IV de la directive cosmétique européenne :
  ✓ colorants admis pour tous les produits cosmétiques ;
  ✓ colorants admis pour tous les produits cosmétiques à l'exception de ceux entrant en contact avec les yeux ;
  ✓ colorants admis pour tous les produits cosmétiques, à l'exception de ceux entrant en contact avec les muqueuses ;
  ✓ colorants admis uniquement dans les produits rincés ;
- les produits colorants apparaissent sur l'étiquetage par les 2 lettres CI suivies d'un numéro à 5 chiffres.

• **Différentes catégories de colorants et leur utilisation** :
- colorants hydrosolubles : colorants synthétiques ou végétaux, utilisés dans les shampoings, les bains moussants, dentifrices, savons, émulsions ;
- colorants liposolubles : colorants synthétiques, utilisés dans les rouges à lèvres ;
- pigments : colorants synthétiques et minéraux, insolubles dans l'eau et dans les corps gras, utilisés dans les produits de maquillage ;
- laques : insolubles dans l'eau et les corps gras, réalisées par fixation d'un colorant soluble, sur un support inerte, utilisées dans les rouges à lèvres et les vernis à ongles.

38. ***Définissez et énumérez des agents nacrants.***

Ce sont des substances cristallines, permettant d'absorber, diffracter ou réfléchir la lumière.
Exemples : essence d'Orient à base de guanine, oxychlorure de bismuth, micatitanes.

39. ***Définissez et indiquez les origines des matières aromatiques (substances parfumantes), les différents principes d'obtention, leurs propriétés et leur présence dans les produits cosmétiques.***

Les matières aromatiques sont composées de molécules volatiles odorantes perçues par les organes olfactifs et dont les origines sont diverses.

Origines des matières aromatiques

- Origine naturelle :
  - origine végétale :
    - ✓ fleurs : rose, muguet, jasmin,
    - ✓ feuilles : oranger, laurier, verveine,
    - ✓ racines : iris, gingembre, valériane,
    - ✓ bois : cèdre, santal, bois de rose ;
  - origine animale : ambre gris, musc, civette et castoréum sont interdits et remplacés par des produits de synthèse.
- Origine synthétique :
  - ✓ aldéhydes ;
  - ✓ alcools aromatiques ;
  - ✓ cétones.

Principes d'obtention des matières aromatiques

- Hydrodistillation : distillation à la vapeur d'eau des fleurs, feuilles et racines. On obtient un hydrolat et une huile essentielle ou essence.
- Expression : procédé mécanique permettant d'extraire l'huile essentielle qui est ensuite traitée par l'eau. Ce procédé est utilisé pour les écorces d'agrumes.
- Extraction par les graisses (porc, bœuf) : à chaud ou à froid pour les fleurs fragiles (enfleurage). Dans les deux procédés, on obtient une pommade qui, traitée par l'alcool, donnera l'absolue.
- Extraction par les solvants volatils (l'hexane, le cyclohexane) : après évaporation du solvant, on obtient soit des concrètes si ce sont des plantes fraîches, soit des résinoïdes si ce sont des plantes sèches.

Propriétés des matières aromatiques

- Elles sont liposolubles, volatiles, oxydables, solubles dans l'alcool.
- On peut les rendre hydrosolubles en les solubilisant au préalable dans un tensioactif non ionique.

Produits cosmétiques parfumés

- Ils contiennent des substances parfumantes à des concentrations de 0,1 à 0,3 %.
- On les trouve dans les émulsions (laits, crèmes), huiles, poudres, déodorants, bains moussants, *etc.*

Les véhicules de principes actifs

40. ***Citez des exemples de véhicules de principes actifs et indiquez leurs propriétés et emploi.***

- Liposomes
  - Petites vésicules sphériques à membrane lipidique formée de bicouches de phospholipides et de cholestérol.
  - La cavité centrale est aqueuse.
  - On peut inclure des actifs lipophiles dans la paroi et des actifs hydrophiles dans la cavité centrale.
  - Les plus petits peuvent traverser la couche cornée, les plus gros ont une action de surface.
  - Utilisation : dans les crèmes de soin.
- Nanosphères
  - Nanoparticules constituées de polymères biodégradables, dont la taille est de quelques nanomètres.
  - Structure en « pelote de laine » où l'actif y est enchevêtré.
  - Utilisation : dans les crèmes anti-âge.
- Nanocapsules
  - Nanoparticules constituées de polymères biodégradables entourant une cavité dans laquelle se trouve l'actif.
  - Utilisation : produits solaires.
- Microsphères
  - Petites sphères polymériques de même structure que les nanosphères mais de taille supérieure, se mesurant en micromètres.
  - Utilisation : fonds de teint.

3
Différentes formes galéniques des produits cosmétiques

Les solvants

41. *Définissez les solutions vraies, les solutions colloïdales et les gels, puis donnez leurs emplois.*

Solvant	Définition	Emploi
Solution vraie	• Résulte du mélange homogène d'au moins deux substances : – le soluté est le constituant le moins abondant – le solvant est le constituant le plus abondant	• Solutions florales
Solution colloïdale (ou pseudo-solution)	• Résulte de la dispersion de particules de soluté (macromolécules, micelles) dans un solvant	• Sérums
Gel	• Résulte de la coagulation d'une solution colloïdale • Constitué de macromolécules en réseau emprisonnant le solvant	• Gels solaires • Gels amincissants • Gels douches, *etc.*

Les dispersions

42. ***Définissez une dispersion et donnez ses caractéristiques, les différents types de dispersions, les facteurs responsables de leur instabilité et les stabilisants.***

- **Définition**
  - Une dispersion résulte de la division d'une substance en petites particules, au milieu d'une autre substance.
  - Ces deux substances ne sont pas miscibles et peuvent se présenter sous différents états physiques : solides, liquides, gazeux.
- **Caractéristiques**
  - Les dispersions sont toujours formées de deux phases :
    ✓ une phase dispersée, interne, discontinue ;
    ✓ une phase dispersante, externe, continue.
  - Une dispersion est homogène si toutes les particules dispersées sont de même taille, elle est hétérogène si les particules dispersées sont de taille différente.
- **Différents types de dispersions**
  - Les émulsions : dispersions de liquides non miscibles entre eux. Exemple : les crèmes.
  - Les suspensions : dispersions de solide dans un liquide. Exemple : les fonds de teint.
  - Les aérosols : dispersions de liquide ou de solide dans un gaz. Exemple : laques capillaires.
  - Les mousses : dispersions de gaz dans un liquide. Exemple : mousses à raser.
- **Facteurs responsables de l'instabilité et stabilisants**

  L'instabilité des dispersions est due soit à :
  - l'hétérogénéité des particules qui provoque le mûrissement ;
  - la tension interfaciale qui provoque la séparation des deux phases ou coalescence.

  On stabilise avec un émulsionnant.

  La pesanteur provoque soit :
  - le crèmage qui est la remontée des particules dispersées ;
  - la sédimentation qui est la chute des particules dispersées.

  On stabilise avec des épaississants.

  Aux phénomènes électrostatiques qui provoquent des amas de particules ou floculation.

  On stabilise avec des sels ionisés.

43. ***Définissez une émulsion et énumérez les différents types d'émulsions, la composition de base de chaque phase et leur utilisation.***

- Définition
  - Une émulsion est une dispersion constituée de deux liquides non miscibles entre eux.
  - Elle est formée de deux phases : une phase hydrophile, une phase lipophile.
- Différents types d'émulsions, caractéristiques et utilisations :

Émulsions	Caractéristiques	Utilisation
Émulsions simples	• Elles peuvent être de deux types : – eau dans huile (E/H) : ✓ la phase continue est lipophile (huileuse) ✓ la phase dispersée est hydrophile (aqueuse)	• Crèmes de soin
	– huile dans eau (H/E) : ✓ la phase continue est hydrophile (aqueuse) ✓ la phase dispersée est lipophile (huileuse)	• Crèmes fluides
Émulsions multiples	• Ce sont des dispersions d'émulsions • Elles peuvent être de deux types : – eau dans huile dans eau (E/H/E)	• Produits solaires
	– huile dans eau dans huile (H/E/H)	
Micro-émulsions	• Émulsions transparentes, dont les gouttelettes dispersées ont entre 10 et 50 nm de diamètre • Elles contiennent un fort pourcentage de tensioactifs	• Crèmes régénérantes

- Composition de base de chaque phase de l'émulsion
  - Phase lipophile : huiles, graisses, cires végétales, animales, minérales ou synthétiques, *etc.*
  - Phase hydrophile : eau, hydrolats de plantes, substances hydrosolubles, *etc.*

44. ***Définissez les suspensions, les aérosols, et leurs obligations légales d'étiquetage et les mousses. Donnez-en la composition de base.***

- **Les suspensions**
  - Définition : dispersion de fines particules solides (phase dispersée) dans un liquide (phase dispersante).
  - Emploi : fonds de teint fluides.
- **Les aérosols**
  - Définition : dispersion d'un liquide ou d'un solide dans un gaz (phase dispersante).
  - Emploi : laques capillaires, déodorants.
  - Caractéristiques :
    ✓ aérosol à gaz comprimé : la pression diminue au cours de l'utilisation ;
    ✓ aérosol à gaz liquéfié : la pression reste constante au cours de l'utilisation. Ils contiennent des gaz inflammables.
  - Obligations légales d'étiquetage :
    ✓ extrêmement inflammable et le dessin d'une flamme ;
    ✓ protéger des rayons solaires, ne pas exposer à une température de plus de 50 °C ;
    ✓ ne pas percer, ni brûler, même après usage ;
    ✓ ne pas vaporiser vers une flamme ou un objet incandescent ;
    ✓ conserver à l'écart de toute flamme ou source d'étincelles ;
    ✓ ne pas utiliser en fumant ;
    ✓ ne pas vaporiser vers les yeux, ni sur une peau irritée ;
    ✓ ne pas inhaler ;
    ✓ ne pas utiliser dans une atmosphère confinée ;
    ✓ ne pas laisser à la portée des enfants ;
    ✓ la lettre E signifie que l'aérosol est conforme à la législation européenne ;
    ✓ le sigle 3 signifie que l'aérosol est conforme à la directive Aérosol.
- **Les mousses**
  - Définition : dispersion de gaz comprimé ou liquéfié dans un liquide en présence d'un émulsionnant et d'un stabilisateur de mousse.
  - Emploi : fonds de teint, mousses solaires, mousses à raser, mousses à épiler, *etc.*

Les poudres

45. ***Définissez les poudres, donnez-en la composition et des exemples d'utilisation.***

- Définition : les poudres résultent du fractionnement d'un solide en petites particules inférieures à 1/10e de mm.
- On les caractérise par leur granulométrie, c'est-à-dire par la taille des grains qui les composent.

Poudre	Composition	Utilisation
Poudres libres	• Mélanges de poudres comme le talc, le kaolin, le carbonate de magnésium, poudres de polyamides, poudre de soie, nacrants, des pigments, des parfums légers, *etc.*	• Poudres pour le corps pour adoucir et parfumer après la toilette • Poudres colorées pour le visage
Poudres compactes	• Poudres colorées, agglomérées par des mélanges de corps gras	• Poudres colorées pour le maquillage des yeux, des pommettes • Poudres dites « terracotta », *etc.*

Les baumes

46. *Définissez les baumes et donnez leur utilisation.*

- Définition

  Mélanges de corps gras contenant très peu d'eau ou des émulsions épaisses.
- Utilisation

  Baume pour les lèvres, les mains, les pieds, les ongles, *etc.*

Les patchs

47. *Définissez les patchs et donnez leur utilisation.*

- Définition
  - Découpes de matériau non tissé adhésif et très imbibées en ingrédients actifs.
  - Ils améliorent la pénétration cutanée, ils peuvent alors avoir une action traitante ou ils absorbent l'excès de sébum et ont une action purifiante.
- Utilisation

  Patchs traitants pour contour de l'œil, patchs purifiants pour les zones séborrhéiques.

4
Composition générale des produits cosmétiques

Les produits d'hygiène et de toilette

48. ***Définissez et citez les différents produits démaquillants en indiquant leur composition, conditionnement et emploi.***

Ce sont des produits destinés à éliminer le maquillage.

Produits	Composition	Condition-nement	Emploi
Laits	• Émulsions du type H/E • Phase hydrophile : hydrolats de plantes, humectants, conservateurs • Phase lipophile : huiles végétales (noyaux, sésame), minérales (vaseline), cires (lanoline), esters gras, alcools gras • Émulsionnants : tensioactifs • Ingrédients actifs divers	• Flacon • Flacon pressurisé	• Toujours suivi d'un rinçage
Crèmes	• Émulsions à viscosité plus élevée que les laits mais qui ont la même composition	• Tube plastifié • Pot	• Toujours suivi d'un rinçage
Compacts démaquillants	• Émulsions déshydratées, solides, utilisées avec de l'eau		• Rinçage obligatoire
Mousses	• Émulsions H/E additionnée d'un gaz propulseur.	• Condition-nement pressurisé	• Rinçage obligatoire
Gels	• Tensioactifs gélifiés additionnés de filmogènes, surgraissant (huile de ricin) et d'eau	• Tube plastifié	• Rinçage obligatoire

⇨

⇨

Huiles	• Mélanges d'huiles végétales, minérales ou synthétiques et de tensioactifs	• Flacon • Tube	• Rinçage obligatoire
Eaux micellaires	• Mélanges d'eau et de tensioactifs en microgouttelettes (micelles)	• Flacon	• Pas de rinçage
Démaquillants pour les cils et les paupières	• Lotions : mélanges d'hydrolats de plantes et de tensioactifs doux, conservateurs antimicrobiens • Gels à base de lotions gélifiées • Huiles : mélanges d'huiles végétales, minérales ou synthétiques avec un tensioactif doux. Permettent d'éliminer les maquillages « waterproof » • Laits : mélanges d'émulsions H/E et de tensioactifs doux • Qualités requises – ne doivent pas irriter la muqueuse oculaire – ne doivent pas déshydrater les paupières, ni les faire gonfler	• Flacon • Tube • Disque en non tissé	• À rincer soigneusement
Lotions faciales, toniques	• Produits destinés à parfaire le démaquillage • Composition : – eaux distillées de plantes (hydrolats) à base de camomille, rose, lavande, hamamélis, sauge – humectants (glycérol, sorbitol) – adoucissants comme l'allantoïne et l'azulène – purifiants comme la menthe, le romarin, l'acide citrique – parfois alcool à moins de 40 %	• Flacon	• Bien sécher après usage

49. ***Définissez et énoncez les différents produits nettoyants (pour le bain et la douche), en indiquant leurs composition, propriétés et conditionnement.***

- Produits cosmétiques, destinés à éliminer les impuretés poussiéreuses, les cellules mortes, la sueur et le sébum.
- Ils doivent respecter le pH cutané et ne pas être trop détergents.

Produits	Composition	Propriétés, conditionnement
Savons	• Tensioactifs anioniques à base de sels de soude ou de potasse • Surgraissants (lanoline, huile d'amandes douces) • Adoucissants (lait d'avoine, huile de calendula) • Opacifiants (oxyde de titane, talc) • Humectants (glycérine) • Antioxydants (dérivés du tocophérol) • Colorants et parfums	• Pouvoir moussant élevé, très détergent, alcalin • Risque d'irritation • Utilisation pour le corps • Conditionnement : pain
Savons transparents	• Savons enrichis en glycérine	• Moins détergents et moins irritants que les précédents • Utilisation pour le visage • Conditionnement : pain ou liquide (flacon- pompe
Savons surgras	• Savons enrichis en éléments surgraissants	
Savons liquides pour les mains	• Solutions aqueuses de savon à l'huile d'olive ou à base de savon d'Alep (huile d'olive et huile de baies de laurier)	• Bon nettoyant pour les mains • Conditionnement : flacon-pompe
Pains dermatologiques ou syndets solides (détergents synthétiques)	• Tensioactifs anioniques doux, amphotères et non ioniques • Plastifiants (huile de ricin hydrogénée) • Stabilisateurs de mousses (amides de coprah) • Acidifiants (acide lactique) • Actifs : adoucissants, surgraissants	• Nettoyant du visage et du corps • Conditionnement : pain
Syndets liquides	• Solutions de tensioactifs anioniques et amphotères • Épaississants, stabilisateurs de mousse • Actifs : surgraissants	• Nettoyant du visage et du corps • Conditionnement : flacon pompe
Gels douche	• Solutions aqueuses de tensioactifs anioniques et amphotères • Gélifiants (gomme xanthane) • Conservateurs • Colorant, parfum • Actifs : – hydratants (glycérol, urée, acide lactique) – apaisants (extraits de plantes comme l'aloès)	• Nettoyant du corps et parfois des cheveux • Conditionnement : flacon plastifié

⇨

⇨

Bains moussants	• Syndets liquides à base de tensioactifs anioniques • Épaississants • Stabilisateurs de mousse • Conservateurs • Colorants, parfum • Actifs : extraits de plantes, huiles végétales adoucissantes, hydratantes	• Nettoyant du corps, agréable et détendant, mais ne pas oublier le rinçage • Conditionnement : flacon plastifié
Huiles de bain	• Huiles végétales, animales ou synthétiques • Tensioactif non ionique qui permet la dispersion dans l'eau • Conservateur, colorant, parfum	• Conseillées pour les peaux sèches • Conditionnement : flacon
Crèmes de bain	• Syndets liquides additionnés de corps gras	• Conseillées pour les peaux sèches • Conditionnement : pot
Sels de bains	• Produits cristallisés à base de carbonate, bicarbonate et chlorure de sodium, colorant et parfum	• Pour adoucir l'eau • Conditionnement : boîte

50. ***Définissez les produits gommants, énoncez leur action et leur composition.***

- Produits accélérant la desquamation naturelle des cellules cornées.
- Leur action peut être mécanique ou chimique.
- Formes galéniques : crèmes, mousses, gels, granulés à dissoudre.
- Composition :
  - ingrédients actifs pour une action mécanique : poudre de noyaux, poudre de coque de grain de riz, microcristaux de carbonate de calcium, *etc.* ;
  - ingrédients actifs pour une action chimique : extrait de figue de barbarie, extrait de papaye, acide salicylique, acides de fruit.

51. ***Définissez les déodorants, énoncez leurs conditionnement et composants.***

- Produits destinés à supprimer ou réduire les odeurs corporelles désagréables dues à la décomposition de la sueur apocrine par la flore microbienne résidante.
- Conditionnement : aérosol, stick, flacon à bille.
- Composition :
  - antiseptiques : triclosan, huiles essentielles ;
  - absorbants : talc, oxyde de zinc ;
  - complexants : ricinoléate de zinc ;
  - parfums.

52. ***Définissez les antitranspirants, énoncez leurs conditionnement et composants.***

- Produits destinés à ralentir la sécrétion sudorale excessive des aisselles, des mains et des pieds en obstruant les pores sudoraux.
- Composition : ils sont à base d'hydroxychlorure d'aluminium.
- Conditionnement : aérosol, flacon à billes, sticks, tube de crème.

53. ***Définissez les produits de rasage, énoncez les différents types de produits, leur composition et conditionnement.***

- Définition
  - Ces produits doivent ramollir le poil et prévenir les irritations.
  - Il y a deux types de rasage :
    - ✓ le rasage mécanique : humide ;
    - ✓ le rasage électrique : sec.
- Différents types de produits :
  - **produits pour le rasage humide :**

Rasage humide	Composition	Utilisation	Conditionnement
Produits moussants			
• Savons à barbe	• Identique à celle d'un savon	• Blaireau humide	• Bol ou coupelle
• Crèmes à raser moussantes	• Mélanges de savons, d'eau et de glycérine • Adoucissants (huile végétales) • Filmogènes (PVP) • Antiseptiques • Parfums	• Blaireau humide	• Tube plastique
• Mousse à raser	• Émulsion E/H • Gaz propulseurs : butane-propane • Apaisants (allantoïne) • Filmogènes (PVP) • Parfums	• Sans blaireau	• Aérosol
Produits non moussants			
• Crème à raser	• Émulsion E/H • Humectants (glycérol) • Apaisants (allantoïne) • Conservateur • Parfums	• Sans blaireau	• Tube

– **produits pour rasage à sec** (on les utilise pour le rasage électrique pour éviter l'irritation) :

Rasage à sec	Composition	Utilisation	Conditionnement
Lotions de prérasage	• Solution hydroalcoolique • Dérivés siliconés • Antiseptiques • Parfums	• Favorisent l'érection et le durcissement du poil	• Flacon
Talcs	• Mélange de talc, carbonate de magnésium et stéarate de zinc • Parfums	• Permettent au rasoir de glisser plus facilement sans irriter	• Boîte poudreuse • Stick (on ajoute un gélifiant)

– **produits après-rasage** (produits rafraîchissants, apaisants, hydratants) :

Après rasage	Composition	Utilisation	Conditionnement
Lotions	• Solution hydroalcoolique à base de : – rafraîchissants (menthol) – hydratants (glycérol) – apaisants (allantoïne, bisabolol) – parfums		• Flacon
Émulsions fluides H/E	• Hydratants (urée) • Apaisants (allantoïne) • Conservateurs • Parfums		• Flacon • Stick • Gel en tube • Lingette imprégnée

Les produits de soins esthétiques

54. ***Donnez la définition des masques, leurs variétés, composition et utilisation.***

• Préparations de consistance variée, pouvant s'appliquer sur le visage, le cou, le décolleté, le dos, les mains et les pieds.

• Différents types de produits :

Masques appliqués à froid	Composition	Utilisation	Conditionnement
Masques crèmes	• Émulsions H/E • Extraits végétaux • Humectants (glycérol) • Gélifiants (alginates) • Conservateurs • Parfum • Colorant	• Application en couche épaisse • Temps de pose : 15 minutes • Retrait à l'éponge humide ou retrait de l'excédent au « kleenex » en conservant le reste comme crème de soin	• Pot • Tube
Masques gels	• Substances gélifiantes : gommes, alginates, gélatine • Extraits végétaux • Conservateurs • Colorant • Parfum	• Pose en couche épaisse (pinceau, spatule, doigts) • Temps de pose : 15 minutes • Retrait au « kleenex » et à l'éponge humide	• Pot • Tube
Masques poudres	• Mélange de poudres absorbantes : argile, kaolin, boues thermales, poudres de plantes sèches, talc • Humectants (glycérol) • Astringents (alun) • Assainissants (menthol) • Séborégulateurs (vitamine B6, bouleau blanc)	• Utilisation pour les peaux grasses • Pose en couche épaisse • Temps de pose : 15 minutes • Retrait à l'éponge humide	• Pot • Sachet • Tube (pâtes humides)
Masques films, pelliculables	• Substances filmogènes (gommes, polymères acryliques) • Tenseurs cutanés (albumine) • Extraits végétaux • Conservateurs • Colorants • Parfums	• Application au pinceau ou au doigt • Temps de pose : 15 minutes • Se retire par décollement	• Tube
Masques auto-chauffants	• Le plâtre comme le sulfate de calcium, en poudre, délayé avec de l'eau, dégage de la chaleur • Extraits végétaux	• Application en couche épaisse sur une crème traitante • Temps de pose : 30 minutes • Retrait par décollement	• Pot • Sachet • Tube

⇨

⇨

Masques ampoules	• Principes actifs (albumines, hydrolysat de protéines) qui ont un effet tenseur	• Application au doigt par tapotement • À mettre sous le maquillage	• Ampoule
Masques fibres	• Fibres non tissées (polyester, viscose, coton), prédécoupées, imbibées d'actifs hydratants et régénérants		• En sachet, à usage unique

Masques appliqués à chaud	Composition	Utilisation	Condition-nement
Masques plastiques	• Mélange de cires, caoutchouc, paraffines • Oligoéléments, azulène, boues thermales	• Chauffage au bain-marie • Touche d'essai de la chaleur, face interne du poignet • Application tiède • Temps de pose : 30 minutes • Retrait par décollement • Action relaxante	• Pastilles
Masques de paraffine	• Paraffine	• Faire fondre • Touche d'essai sur poignet • Application tiède sur crème régénérante • À utiliser sur le visage, les mains, les pieds	• En petits morceaux

55. ***Définissez les sérums et donnez-en leur utilisation et leur conditionnement.***

- Produits très concentrés en ingrédients actifs (vitamines, acides aminés, extraits végétaux), se présentant sous forme de solutions, gels ou émulsions fluides.
- Utilisation : sérum tenseur « coup d'éclat », raffermissant, régénérant, anti-taches, soins capillaires.
- Conditionnement : unidoses (ampoules, petits flacons).

56. ***Définissez les différents types de crèmes de soins esthétiques, leurs composition et actions.***

- Produits destinés à protéger la peau et à lui apporter les différents actifs dont elle a besoin.
- Différents types de crèmes :

	Composition	Utilisation
Crèmes de protection	• Émulsions de type E/H à base d'hydrocarbures, de cires, d'alcools gras, d'huiles • Surgraissants • Conservateurs • Apaisants • Vitamines • Filtres solaires, *etc.*	• Protection de la peau contre les conditions climatiques rudes (froid, vent, eau, soleil)

Crèmes de soins spécifiques	Composition
Crèmes hydratantes	• Émulsions H/E • Humectants : glycérol, sorbitol • Hydratants : urée, acide hyaluronique, céramides, collagène • Conservateurs • Parfums • Antioxydants
Crèmes pour peaux grasses	• Émulsions H/E ou gels • Conservateurs, colorants, parfum, antioxydants • Matifiants : kaolin, argiles • Kératolytiques : alphahydroxyacides • Séborégulateurs : acides aminés soufrés, extraits végétaux (ortie, capucine, bouleau), vitamines B2, B3, B6, B8
Crèmes pour peaux sensibles	• Émulsion E/H ou H/E • Apaisants : allantoïne, alphabisabolol, acide glycyrrhétinique
Crèmes anti-âge, régénérantes, pour peaux sénescentes	• Émulsions E/H ou H/E • Sélénium, vitamine C, vitamine A, céramides, phospholipides, alphahydroxyacides, *etc.*
Crèmes pour le contour des yeux	• Émulsions fluides, gels-crèmes • Extraits végétaux vasoconstricteurs : ruscus, marron d'Inde
Crèmes pour le cou	• *Idem* crèmes régénérantes
Crèmes dépigmentantes, antitaches • Produits qui empêchent la synthèse de la mélanine en inhibant l'action de la tyrosinase • Pour le visage et les mains	• Émulsions E/H, H/E • Acide azélaïque, acide kojique, extraits végétaux (mûrier blanc, thé vert, pâquerette, scutellaire), vitamine C, *etc.*

Les produits solaires

57. ***Définissez les produits solaires et photoprotecteurs, puis énumérez-les.***

Les produits solaires ont pour objectif d'éviter l'érythème solaire et le vieillissement cutané.

Les photoprotecteurs sont des substances naturelles ou synthétiques protégeant du rayonnement solaire. Ils comprennent :

- **les écrans :**
  - ils agissent par réflexion et dispersion du rayonnement solaire,
  - ingrédients actifs : poudres d'origine minérale comme l'oxyde de zinc, l'oxyde de titane, le mica-titane ;
- **les filtres organiques :**
  - ils agissent par absorption sélective des radiations solaires,
  - ingrédients actifs : ce sont des molécules synthétiques :
    - ✓ dérivés de l'acide para-aminobeuzoïque (PABA) : photoprotecteurs UVB,
    - ✓ dibenzoylméthane : photoprotecteur UVA,
    - ✓ dérivés triazine : photoprotecteurs UVA et UVB,
  - législation : 27 filtres sont autorisés dans l'Annexe VII de la directive cosmétique européenne ;
- **les pièges à radicaux libres :**
  - ils protègent la peau des effets des radicaux libres générés par le rayonnement solaire qui n'a pas été filtré,
  - ingrédients actifs : antioxydants comme les caroténoïdes, la vitamine E, le sélénium, *etc.*

58. ***Définissez l'indice de protection, la législation le concernant, les formes galéniques et les conditionnements des produits solaires.***

- **L'indice de protection (IP)** ou facteur de protection solaire (FPS) est la force de protection du produit contre les UVB. On le calcule à partir de la dose minimale érythématogène (DME).

$$IP = FPS = \frac{\text{DME avec photoprotecteur}}{\text{DME sans photoprotecteur}}$$

- **Législation européenne**
  - L'indice de protection solaire comprend 4 niveaux :
    - ✓ faible protection : IP de 6 et 10 ;
    - ✓ moyenne protection : IP de 15, 20 et 25 ;
    - ✓ haute protection : IP de 30 et 50;
    - ✓ très haute protection : IP de 50+.
  - L'indice de protection (IP) concerne les UVB. Celui des UVA doit être obligatoirement le tiers de l'IP.
- **Formes galéniques :** huile, lait, crème, baume, stick.

- **Conditionnement** : flacon, tube, pot, lingette, stick.

59. ***Définissez les produits activateurs de bronzage.***

- Ce sont des produits accélérant la formation de mélanine.
- Ingrédients actifs : tyrosine, cupropeptides.
- Formes galéniques : lait, crème, lotion.
- Conditionnement : flacon, pot, aérosol, lingette.

60. ***Définissez les produits après-soleil.***

- Produits apaisant la sensation de chaleur, hydratant et luttant contre les radicaux libres.
- Ingrédients actifs : allantoïne, gel d'aloès, urée, vitamine E, vitamine A, azulène, *etc.*
- Formes galéniques : lait, crème, gel.
- Conditionnement : flacon, pot, tube, aérosol.

61. ***Définissez les produits autobronzants.***

- Produits qui colorent la peau, sans soleil. Ils ne sont pas photoprotecteurs.
- Ingrédients actifs : dihydroxyacétone (DHA) qui, en se combinant aux acides aminés de la peau, forment des polymères colorés.
- Formes galéniques : lait, crème, gel, lotion, mousse.
- Conditionnement : flacon, pot, aérosol, lingette.
- Une date de péremption est obligatoire sur l'étiquetage.

Les produits de manucurie et de beauté des pieds

62. ***Définissez les produits pour la manucurie et les pieds.***

- **Vernis à ongles**
  - Qualités requises : bonne adhérence, étalement facile, bon pouvoir couvrant, séchage rapide.
  - Composition :
    - ✓ nitrocellulose, filmogène ;
    - ✓ résines (colophane, résines acryliques) pour l'adhérence, plastifiants (camphre, phtalate de butyle) pour l'étalement ;
    - ✓ solvants (acétates, acétone) pour solubiliser la cellulose ;
    - ✓ diluants (toluène, xylène) pour diluer le mélange ;
    - ✓ colorants solubles pour les vernis translucides ;
    - ✓ pigments insolubles pour les vernis couvrants (« laqués ») ;
    - ✓ thixotropants pour diminuer la viscosité du vernis par agitation (silice) ;
    - ✓ nacrants (cristaux de guanine, micatitane) ;
    - ✓ paillettes (particules de polyéthylène) ;

✓ surgraissants (dérivés de la lanoline).
- Conditionnement : flacon en verre muni d'un pinceau incorporé au bouchon et de petites billes pour fluidifier.

- **Base de vernis**
  - Qualités requises : protéger l'ongle des colorants.
  - Composition : très semblable à celle du vernis avec plus de résines et sans colorant.
- **Vernis protecteur, fixateur**
  - Qualités requises : protéger le vernis des agressions extérieures.
  - Composition : très semblable à celle du vernis avec un peu plus de solvant et de filmogènes.
  - Conditionnement : flacon avec pinceau ou conditionnement pressurisé.
- **Vernis durcisseur**
  - Qualités requises : fortifier et durcir les ongles mous.
  - Composition : semblable à celle du vernis (sans colorant) avec du formol, de la poudre de diamant, du silicium, *etc.*
- **Vernis antistries, antifissures**
  - Qualités requises : estomper les stries de l'ongle.
  - Composition : semblable à celle du vernis (sans colorant) avec des fibres de rayonne et des polymères adhésifs.
- **Vernis lissant déjaunissant**
  - Qualités requises : déjaunir l'ongle.
  - Composition : semblable à celle du vernis incolore mais enrichi en filmogène, diméthicone, dioxyde de titane et poudre de mica.
- **Dissolvant**
  - Qualités requises : permettre de démaquiller l'ongle facilement sans le dessécher.
  - Composition : mélange de solvants légers comme de l'acétate de méthyle, de l'acétone, de l'alcool éthylique, et de surgraissants (huile de ricin, lanoline).
  - Conditionnement : flacon, lingette imprégnée.
- **Eau émolliente**
  - Qualités requises : permettre de repousser la cuticule et d'éliminer « les petites peaux ».
  - Composition : solutions alcalines de soude ou de potasse dont la concentration maximale ne doit pas dépasser 5 %.
  - Précautions d'emploi : éviter tout contact avec les yeux. Après emploi, rincer soigneusement les mains.
- **Huile ou crème pour les ongles**
  - Qualités requises : reconstituer le film hydrolipidique et assouplir le bourrelet.
  - Composition : huiles de lin, de ricin, de jojoba, émulsions E/H au beurre de karité, de coprah, acides aminés soufrés, kératine.
- **Crème pour les mains**
  - Qualités requises : hydrater, protéger, éclaircir les taches cutanées.

- Composition :
  - ✓ crème de jour : émulsion H/E, urée, glycérine, huile de silicone, vitamine C, *etc.* ;
  - ✓ crème de nuit : émulsion E/H, cire d'abeille, huile de germe de blé, vitamine A, dépigmentants, *etc.*

- **Crème pour les pieds**
  - Qualités requises : hydrater, adoucir, défatiguer, gommer les callosités.
  - Composition : émulsion E/H ou H/E, lanoline, vaseline, urée, camphre, arnica, marron d'inde, acide salicylique.
- **Sels pour les pieds**
  - Qualités requises : déodorant, calmant, relaxant.
  - Utilisés dans les bains de pieds.
  - Composition : mélanges de sels minéraux, carbonate, perborate, bicarbonate de sodium, d'huiles essentielles de thym, romarin, *etc.*
  - Formes galéniques : petits cristaux.
  - Utilisation : dans l'eau tiède.

Les produits d'épilation

63. ***Définissez les produits pré- et post-épilatoires.***

- **Produits pré-épilatoires**
  - Destinés à nettoyer pour améliorer l'adhérence de la cire et adoucir avant l'épilation.
  - Ils se présentent sous formes de lotions florales ou de gels avec des antiseptiques.
- **Produits post-épilatoires**
  - Destinés à nettoyer, apaiser les rougeurs et retarder la repousse du poil.
  - Ingrédients actifs : des antiseptiques comme les huiles essentielles, des apaisants comme l'allantoïne, des ralentisseurs de repousse comme les extraits végétaux de sabal.
  - Formes galéniques : lotion, huile, gel.

64. ***Définissez les différentes cires épilatoires.***

Elles permettent l'arrachage du poil.

- **Cires à épiler tièdes**
  - Température entre 35 °C et 37 °C.
  - Composition : colophane, cire d'abeilles, paraffine, cire de carnauba, huile de ricin, azulène, colorants.
  - Conditionnement : pastille, plaquette, cube.
  - Utilisation avec bandes ou sans bandes.

- **Cires chaudes recyclables**

Elles ne sont pas recommandées, par mesure d'hygiène et pour éviter les dommages sur la circulation veineuse.

- **Cires froides**
  - Composition : sucres et résines.
  - Conditionnement : pot, tube, bande enduite.

65. ***Définissez les produits dépilatoires.***

- Définition : produits agissant en détruisant la kératine du poil.
- Ingrédients actifs : dérivés organiques soufrés, hydroxydes alcalins en pH alcalin.
- Formes galéniques : crème, lait, mousse.
- Conditionnement : flacon, tube, aérosol.
- Utilisées pour l'épilation des jambes, des aisselles, du visage, du « maillot ».

Les produits de coloration des cils et des sourcils

66. ***Donnez la composition des produits de coloration des cils et des sourcils.***

Seul le nitrate d'argent à 4 % est autorisé pour la coloration des cils et des sourcils, sous forme de gel ou de lotion.

Les produits de maquillage

67. ***Donnez les définition, composition et utilisation des produits de maquillage.***

- **Base correctrice**
  - Produit camouflant les imperfections cutanées et donnant de l'éclat au teint.
  - Le vert masque les rougeurs, le blanc donne de l'éclat, le rose donne bonne mine, le jaune corrige les cernes bleus, *etc.*
- **L'anticerne**
  - Produit très utilisé sous forme de stick.
  - Ingrédients actifs : pigments colorés, colorants.
  - Formes galéniques : crème, poudre, gel, stick.
  - Conditionnement : tube, pot, flacon pompe.
- **Fond de teint**
  - Produit destiné à unifier le teint, modifier la carnation, masquer les imperfections.
  - Il doit s'étaler facilement, ne pas irriter, ne pas être comédogène.

- Ingrédients actifs : pigments colorés, oxyde de titane (couvrant), talc et silicones (glissants), kaolin (absorbant), glycérol (hydratant), carbonate de magnésium (matité), filtres solaires (photoprotecteur), micatitane (nacrant).
- Formes galéniques : émulsion fluide, crème, crème compacte, mousse, gel.
- Conditionnement : stick, boîte avec éponge, pot, tube, aérosol, flacon pompe.

• **Poudre**
- Produit destiné à colorer la peau, fixer le fond de teint, matifier, adoucir et parfumer.
- Qualités requises : elle doit être adhérente et couvrante, glisser facilement.
  - ✓ Poudre libre
    - ⋆ Composition : talc, amidon, carbonate de magnésium, poudre de soie, oxydes de fer, nacrants.
    - ⋆ Poudre « maquillage minéral » : mélange de minéraux colorés micronisés.
    - ⋆ Poudre pour le corps : talc, carbonate de magnésium, parfum, nacrants, scintillants.
    - ⋆ Conditionnement : boîte avec houppette, boîte poudreuse.
  - ✓ Poudre compacte
    - ⋆ On l'utilise pour matifier le teint, souligner les volumes du visage, donner de l'éclat. Les poudres « terre de soleil » donnent un aspect hâlé.
    - ⋆ Composition : poudres colorées, agglomérées par des corps gras.
    - ⋆ Conditionnement : boite avec miroir, houpette en mousse ou pinceau plat.

• **Fard à joues**
- Produit destiné à éclairer le maquillage et souligner la pommette.
- Diverses formes :
  - ✓ compact : mélange de poudres comprimées avec des corps gras et des pigments colorés ;
  - ✓ crème : mélange de corps gras et de pigments colorés ;
  - ✓ fluide : émulsions légères et pigments colorés ;
  - ✓ gel modeleur : gels solidifiés et colorants en sticks.

• **Fard à paupières**
- Qualités requises : il doit, s'étaler facilement, avoir une bonne adhérence, n'être ni allergisants, ni irritants.
- Diverses formes :
  - ✓ poudre compacte : pigments, talc, produits liants gras (huile de vaseline), nacrants, scintillants, conservateurs ;
  - ✓ fluide : émulsions H/E, colorants, silicones.

• **Eye-liner**

- Produits destinés à souligner les paupières au ras des cils.
- Diverses formes :
  - ✓ liquides :
    - ⋆ émulsions non grasses, pigments, gélifiants, filmogènes,
    - ⋆ conditionnés en flacons avec pinceau ;
  - ✓ compacts :
    - ⋆ poudres pressées, colorants, liants,
    - ⋆ utilisation : s'applique au pinceau.

- **Crayon de maquillage**
  - Cylindre en bois avec une mine colorée incluse à l'intérieur.
  - Composition : pigments, cires, corps gras.
  - Diverses variétés :
    - ✓ crayon à paupières (très gras) ;
    - ✓ crayon à sourcils ;
    - ✓ crayon pour le contour des lèvres ;
    - ✓ crayon blanc pour les ongles ;
    - ✓ crayon « khôl », « kajal ».
- **Mascara**
  - Produit destiné aux cils pour les colorer, les allonger, les épaissir, les recourber.
  - Diverses formes :
    - ✓ compact (cake) : savons, pigments, utilisés avec une brosse humide ;
    - ✓ crème : émulsion épaisse ou fluide (colophane, huile de ricin, cires), silicones (waterproof), vitamines, kératine, acides aminés, *etc.*
  - Utilisation : étui-stylo avec brosse circulaire.
- **Rouge à lèvres**
  - Produits destinés à donner aux lèvres de la couleur, à modifier leur forme et leur volume.
  - Qualités requises : ils doivent être de consistance stable malgré les variations de température, d'un tracé facile, et bien adhérer aux lèvres.
  - Composition :
    - ✓ mélange de corps gras « corps blanc » pâteux : lanoline, vaseline, beurre de karité pour l'onctuosité, huiles végétales, animales ou synthétiques pour le brillant et le glissant, cires (végétales, animales minérales) pour la brillance ;
    - ✓ pigments et laques : oxydes de fer, laques de fluorescéines, pigments azoïques ;
    - ✓ adjuvants : nacrants, résines silicones (rouge à lèvres « no transfert »), oxyde de titane (matifiant), filtres solaires, vitamine A.
    - ✓ additifs : conservateurs, antioxydants, parfums.
  - Conditionnement : bâton, stylo, liquide (flacon avec applicateur, mousse), crayon.

Les produits capillaires

68. ***Donnez la composition générale d'un shampoing et les qualités requises.***

- **Composition générale**
  - Agents nettoyants :
    - ✓ tensioactifs anioniques (laurylethersulfate de sodium), très moussants et décapants ;
    - ✓ tensioactifs amphotères (dérivé de la bétaïne), moins détergents, moins irritants ;
    - ✓ tensioactifs non ioniques (esters de saccharose), ne moussent pas.
  - Épaississants ou viscosants : augmentent la viscosité (polymères cellulosiques).
  - Stabilisateurs de mousse : maintiennent le volume de mousse durant le shampoing et la rendent plus onctueuse (dérivés d'acides gras de coprah).
  - Correcteurs de pH (acide lactique).
  - Nacrants : donnent un aspect attrayant (mélanges de stéarates d'éthylène-glycol).
  - Conditionneurs : parfois ajouté au shampoing (shampoing 2 en 1), permettent un démêlage facile et donnent de la brillance (dimethicones).
  - Conservateurs.
  - Colorants.
  - Parfums.
  - Ingrédients actifs : ajoutés pour donner des propriétés spécifiques à chaque type de shampoing.
- **Qualités requises**
  - Laisser les cheveux souples et brillants.
  - Ne pas être trop détergents.
  - Ne pas modifier le pH acide du cuir chevelu.
  - Ne pas irriter les yeux.

69. ***Énumérez les shampoings de soins esthétiques et leurs caractéristiques.***

- **Shampoings pour bébés :**
  - ne doivent irriter ni les yeux ni le cuir chevelu ;
  - à base de tensioactifs amphotères et non ioniques.
- **Shampoings pour lavages fréquents :**
  - détergence douce ;
  - à base de mélange de tensioactifs anioniques doux et de tensioactifs amphotères.
- **Shampoing et conditionneur (shampoing 2 en 1) :**
  - faciliter le démêlage ;
  - à base de mélange de tensioactifs anioniques et amphotères, et de silicones ou de polymères cationiques.

- **Shampoings volumateurs** :
  - pour donner du volume à la chevelure ;
  - à base de mélange de tensioactifs anioniques et amphotères, et de substances filmogènes.

70. ***Énumérez des shampoings traitants et leurs caractéristiques.***

- **Shampoings pour cheveux secs** :
  - faible pouvoir détergent ;
  - mélange de tensioactifs anioniques doux et amphotères et de surgraissants.
- **Shampoings pour cheveux gras** :
  - ne pas trop délipider le cuir chevelu pour éviter une séborrhée réactionnelle ;
  - tensioactifs doux et ingrédients actifs soufrés, extraits végétaux (capucine d'ortie, bois de Panama), argile, *etc.*
- **Shampoings antipelliculaires** :
  - contre les squames, séborrhée et levure ;
  - tensioactifs anioniques doux, acide undécylénique, acide salicylique, sulfure de sélénium, zinc pyrithione, *etc.*

71. ***Définissez les masques capillaires et donnez-en les caractéristiques.***

- **Définition** : produits destinés à être appliqués sur la chevelure pour traiter différents problèmes (séborrhée, sécheresse, décoloration, *etc.*). Après un temps de pose, ils sont suivis d'un shampoing doux.
- **Caractéristiques** :
  - masques crèmes :
    - ✓ pour des cheveux abîmés et agressés,
    - ✓ tensioactifs cationiques, huiles végétales, beurres, huiles essentielles, silicones, *etc.* ;
  - masques pâtes :
    - ✓ masques absorbants destinés aux cheveux gras,
    - ✓ argiles, huiles essentielles antiseptiques, huiles végétales, *etc.*

Les produits de parfumerie alcoolique

72. ***Énumérez les principales étapes de la fabrication d'un parfum.***

- Composition du mélange odorant pour fabriquer le concentré.
- Mûrissement du concentré environ une semaine.
- Mise sous alcool du concentré.
- Macération du jus constitué, pendant un mois environ.
- Glaçage à environ 5 °C du jus macéré, puis filtration.
- Coloration si nécessaire.

73. ***Donnez les différentes notes constituant la pyramide olfactive.***

Les composants d'un parfum s'évaporent en trois phases successives.

- **Première phase : les notes de tête (20 %)**
  C'est la phase fugitive, au débouché du flacon, constituée de matières premières végétales, volatiles, peu tenaces.
- **Deuxième phase : les notes de cœur (25 à 30 %)**
  Cette phase dure plusieurs heures, elle est constituée de matières premières moyennement volatiles.
- **Troisième phase : les notes de fond**
  C'est la phase qui personnalise le parfum, elle persiste plusieurs jours. Elle est constituée de matières premières très peu volatiles, tenaces, qui caractérisent le parfum.

74. ***Énoncez les différentes familles de parfums et les notes qui les caractérisent.***

Il y a sept grandes familles olfactives, avec des sous-familles.

- **Famille des Hespéridées** : surtout à base d'agrumes (les eaux de Cologne).
- **Famille des Florales**, à base de fleurs :
  - note florale unique : le muguet (*Diorissimo* de Dior) ;
  - note florale rosée : *Nahéma* de Guerlain ;
  - note bouquet floral : différentes fleurs (*Air du Temps* de Nina Ricci) ;
  - note fleuri vert : *Vent Vert* de Balmain ;
  - note florale aldéhydique : *Chanel N° 5*.
- **Famille des Fougères** : notes boisées, mousses de chêne (*Équipage* d'Hermès).
- **Famille des Chyprées** : bergamote, patchouli, mousse de chêne (*Femme* de Rochas).
- **Famille des Boisées** : notes chaudes, boisées, épicées aromatiques (*Calèche* d'Hermés).
- **Famille des Ambrées Orientales** : notes vanillées, douces, animales (*Opium* d'Yves Saint Laurent).
- **Famille des Cuirs** : odeur de cuir et de tabac (*Habit Rouge* de Guerlain).

75. ***Citez les différents produits parfumants par ordre de concentration.***

- La concentration en parfum varie selon la fragrance et les pays.
  - **Extrait ou parfum** : contient plus de 20 % dans de l'alcool éthylique à 96 %.
  - **Eau de parfum** : contient 8 à 20 % dans de l'alcool éthylique à 10 ou 80 %.
  - **Eaux de toilette** : contient 8 à 12 % dans de l'alcool éthylique à 85 %.
  - **Eaux de Cologne** : contiennent 1 à 6 % dans de l'alcool éthylique à 70 %.
  - **Eaux légères, eaux fraîches, eaux de sport** : concentration de 1 à 5 % dans de l'alcool éthylique à 70 %, mais il en existe sans alcool.
  - **Eaux de senteurs** : à base d'eaux florales, sans alcool. Parfums pour bébés.
- Législation : les parfums sont très allergisants. De nombreuses substances ont été interdites, d'autres ont été inscrites sur une liste restrictive, elles doivent être mentionnées précisément sur l'étiquetage.